당신의
공부는
틀리지
않았다

노력의 질을 높이는 7가지 뇌과학 공부법

당신의
공부는
틀리지
않았다

사오TV 지음

다산
북스

누구나 공부를
잘할 수 있습니다

"열심히 한다고 했는데 매번 시험에 떨어져요. 도대체 뭐가 문제일까요? 그냥 저는 안 되는 사람인 걸까요?"

제가 운영하는 유튜브 채널에는 이런 고민을 토로하는 사람이 정말 많습니다. 공부를 열심히 한 사람일수록 고민의 강도는 세지지요. '죽어라 최선을 다했는데 왜 내 성적은 늘 제자리인 거지?', '왜 나는 합격하지 못할까?' 하며 말입니다. 좋은 성적을 받기 위해 열심히 노력하는데도 결과가 따라주지 않아 좌절하는 이야기를 듣다 보면 정말 안타깝습니다. 바로 제 이야기였기 때문입니다.

저는 세상이 정해둔 기준에 맞춰 성실하게 살아가는 평범한 학생이었습니다. 공부는 그리 잘하지 못했어요. 그러다 고등학교 3학년이 되었고 성적에 맞춰 어느 전문대 컴퓨터학과에 재학했습니다. 뭔가 더 이뤄보려는 마음이 크지 않았습니다. 그저 하루하루가 물 흐르듯 흘러갔습니다. 시간이 흘러 제대 후 복학을 하게 되었지요. 학점을 맞추다 우연히 한 교양 수업을 듣게 되었습니다. '교육학개론'이라는 수업이었습니다. 저는 제 인생을 이 수업을 듣기 전과 후로 나눌 수 있을 것 같습니다.

누군가를 가르치고 체계적 지식을 전달하는 교육학의 세계에 전 곧바로 매료되었거든요. 좀 더 깊이 공부하고 싶다는 생각에 스물여섯, 늦은 나이에 수능을 다시 치러 한 대학의 특수교육과 신입생이 되었습니다. 제 인생의 가장 큰 도전이자 시도였습니다.

저는 열심히 공부했고 특수교사가 되기를 꿈꿨습니다. 특수교사는 신체적, 정신적 장애를 겪는 학생들이 좀 더 효율적으로 장애를 극복하고 사회 구성원으로 살아갈 수 있게 지식과 기능 등을 가르치는 직업입니다. 이 멋진 일을 해내기 위해 저는 임용고시를 보기로 결심했습니다. 동기나 선배들처럼 몇 년이고 투자하겠다는 마음을 먹고 정말 열심히 공부했습니다. 그랬기에 합격할 자신도 있었지요.

그런데 애석하게도 결과는 매번 불합격이었습니다. 온힘을 다 쏟았다고 생각할 만큼 열심히 준비했는데 합격의 문턱은 넘지 못했어요. 희한하게도 제가 열심히 공부한 내용을 알려주고 함께 시험을 준비했던 친구들은 하나둘 합격하더군요. 아무리 공부해도 잘 모르겠다며 저에게 설명해달라며 물어오던 친구들이었지요. 제가 가장 공부를 많이 했고, 많은 지식을 지녔다는 확신이 있었는데 정작 합격은 제가 아니라 제가 가르친 사람들이 하니 당황스럽더군요.

하지만 공부를 도와달라며 요청했던 친구들이 연이어 합격하고 저에게 고마워하는 모습을 보면서 마치 제가 합격한 것과 같은 큰 기쁨을 느낄 수 있었습니다. 제가 공부한 지식이 다른 사람에게 잘 전달되어 합격으로 연결되는 과정을 지켜보면서 뿌듯함을 느꼈지요. 그때 깨달았습니다. 저는 지식을 전달하고 가르치는 사람이 되고 싶다는 사실을요.

시험을 앞두고 어디서부터 어떻게 공부해야 할지 몰라 막막해하고 있는 사람들, 자신에게 맞는 제대로 된 공부법을 찾지 못하고 다른 사람들의 공부 전략만을 따라 하며 애쓰는 사람들에게 지치지 않고 합격으로 가는 길을 안내하고 싶었어요. 그렇게 저는 강사가 되고자 마음먹었습니다.

그 길로 제 지식을 세상과 나눌 수 있는 다양한 방법을 찾기 시작했습니다. 수능이나 임용고시를 비롯한 여러 시험 준비생을 대상으로 교육봉사활동과 과외를 하며 지도했습니다. 그들이 공부로 원하는 목표를 달성하고 꿈을 이룰 수 있도록 실질적인 공부법을 안내했어요.

실체 없는 노력에 매달리거나 공부 때문에 좌절하지 않도록, 직접 눈에 보이는 성과를 만들고자 끊임없이 고민했습니다. 저는 공부가 무조건 책상 앞에 오래 앉아 열심히 한다고 해서 성공할 수 있는 게 아님을 경험을 통해 깨달았으니까요.

수험생 각자에게 적합한, 합격 속도를 높이는 공부 방식을 고민하면서 제 전공인 교육학이 아니라 뇌과학에 관심을 두게 되었습니다. 사람마다 발달한 두뇌 영역이 다르고, 그 특성에 맞게 공부법은 달라져야 하니까요. 누군가는 아침 일찍부터 공부하는 게 적합하지만 다른 누군가는 저녁 시간대 공부하는 게 맞을 수도 있고, 언어능력이 발달해서 글을 읽고 이해하는 데 무리가 없는 사람이 있는가 하면 어휘력이 부족해 무작정 암기보다 독해 연습이 필요한 사람도 있는 것처럼 말이지요.

뇌과학을 깊이 공부하면서, 임용고시에 좌절했던 당시의 저를 찬찬히 돌이켜보게 되었고 제 문제점 또한 보이더군요. 바로 뇌의 특성을 고려하지 않은 공부 방식이 패배 요인이었지요. 당시 임용고시는 논술형 문제가 출제되었는데, 저는 글을 이해하고 쓰는 능력이 부족한 뇌를 지닌 사람이었습니다.

시험을 준비할 때 머릿속으로는 다 이해하고 말로도 잘 설명할 수 있는 내용도 제한된 시간 동안 글로 논리정연하게 쓰는 데 늘 시간이 부족하고 애를 먹었지요. 전두엽과 좌뇌에서 담당하는 언어성 지능이 다른 영역보다 현저히 떨어져서 글을 읽고 쓰는 데 어려움을 겪었던 겁니다. 아무리 암기를 잘하고 있더라도 머릿속에서만 맴돌 뿐 문제를 읽은 뒤 적절한 답안을 글로 풀어내지는 못하니 합격은 멀어질 수밖에요.

이 사실을 진작 알았더라면 글을 읽고 쓰는 연습에 더 많은 시간을 투자했을 테고 몇 년이라는 시간을 아낄 수 있었을 겁니다. 하지만 그런 지식이 전혀 없었기에 무작정 더 많은 내용을 꼼꼼히 외우려고만 했지요. 때로는 노력이 부족했다고 자책하거나 공부에 소질이 없는 것 같다며 우울해하기도 했고요. 노력이란 건 결국 뇌가 하는 일이라는 걸 꿈에도 모른 채 말입니다.

뇌를 알면 공부가 훨씬 수월해질 수 있음을 깨닫고, 이를 공부하는 모든 이에게 널리 알릴 수 있는 방법을 고민한 끝에 유튜브 채널을 개설하게 되었습니다. 저처럼 노력을 탓하거나 무의미한 공부로 시간을 빼앗기지 말고 자신에게 적합한 공부법을 찾아 합격으로 가는 명확한 길을 찾길 바라는 마음이었지요.

그것이 바로 지금의 '사오TV' 채널입니다. '공부하는 모든 이를 위한 채널'이라는 주제로 뇌과학을 활용한 공부법, 공부 능률을 높이기 위해 뇌과학적 이론을 활용하는 방법 등을 소개하고 있습니다.

많은 수험생과 학생, 공부하는 직장인 등이 자신들의 공부에 실질적인 도움이 되었다며 고마움을 전해올 때마다 큰 뿌듯함을 느낍니다. 그동안 실패한 것이 단순히 자신의 의지가 부족해서가 아니라는 사실에 위안과 희망을 얻었다는 이야기를 들을 때 가장 보람 있고요. 교육자이자 똑같이 공부하는 사람으로서 이보다 더 기쁠 수가 없습니다.

공부하는 이들에게 더 체계적으로 뇌과학 공부법을 전하고 싶다는 생각이 들었습니다. 비단 공부를 하고 시험을 준비하는 사람뿐 아니라 자신을 계발하고 더 향상된 결과를 얻고자 하는 모든 이를 위한 책을 만들고 싶었습니다.

요즘 많은 책들이 사람들을 위로하며 마음 편히 쉬라고 조언합니다. 하지만 내가 왜 힘들고 어려운지 이해하지 못한다면 아무리 마음을 다스리고 쉬어 봐도 근본적인 해결책이 될 수 없습니다. 다시 또 어려워질 테니까요.

여러분이 지금 왜 힘든지, 어떻게 하면 다시 일어설 수 있는지 그 방법을 깨닫는 데 도움을 드리고 싶습니다. 누구나 공부를 잘할 수 있습니다. 이 책을 찾아볼 의지가 있는 분이라면 이미 반쯤은 성공한 것입니다. 당신의 공부는 틀리지 않았습니다. 이 책에 소개한 내용을 실천하다 보면 노력을 성과로 보상받을 것입니다.

마지막으로, 소중한 책을 세상에 내놓기까지 늘 응원과 용기의 말로 기다려주신 '사오TV' 구독자님들께 깊은 감사의 마음을 전합니다. 이 책을 완성할 수 있도록 곁에서 힘이 되어준 아내 향기와 아들 주안이에게도 사랑과 감사를 전하고 싶습니다.

사오TV

Contents

1장

COGNITION 인식
AWARENESS
FLOW
MONITORING
STRATEGY
MINDSET
HABITUATION

공부하는

당신이

꼭 갖춰야 할

요건

공부하려고 책상 앞에 앉았는데 스마트폰에
SNS 알림이 옵니다. 정말 잠깐 확인만 하려고 했어요.
그런데 생각과 달리 자꾸 눈길을 사로잡는 사진이나
영상을 클릭하게 되었고, 연달아 뜨는 추천 동영상을 또 클릭,
그렇게 클릭 알고리즘의 늪에 빠져 시간이
훌쩍 지나버렸습니다. 또 잠깐 날씨를 확인하려고
인터넷을 켰다가 흥미로운 뉴스 기사를 클릭하게 되었고,
그와 관련된 기사들을 연이어 들여다보다가
정신 차려보니 또 상당한 시간이 뚝딱 흘러가버렸습니다.
그제야 정신을 차리고 다시 공부해보려고 하지만
이미 집중력은 바닥난 상태.
바로 내 모습 아닌가요?

매번 시험에
떨어지는 이유는 뭘까?

저도 공부 중간에 잠깐만 보려던 스마트폰에 푹 빠져 몇 시간을 훌쩍 보낸 적이 많습니다. 공부해본 사람이라면 누구나 한 번쯤은, 또는 줄곧 경험하는 일일 겁니다. 딴짓은 또 다른 딴짓을 부르고 그러다 보면 헤어날 수가 없습니다. 열심히 공부하려 마음 먹고 몇 번을 다짐해보지만, 뜻대로 되지 않지요. 공부를 열심히 해야 하는 것도 알고 나름대로 절박한데 시작은 좀처럼 어렵습니다. 힘들게 다시 마음을 다잡고 공부를 시작한다 해도 집중하는 시간은 얼마 가지 않습니다.

답답한 마음에 소위 공부 전문가들에게 물어봅니다. "왜 공부가 안되는 걸까요?" 돌아오는 답은 매우 간단합니다. "공부를 안 하는데 어떻게 공부가 되겠어요?" 공부하지 않는데 어떻게 공부가 잘될 수가 있으며, 노력하지 않는데 어떻게 좋은 성적을 기대할 수 있느냐는 겁니다.

뼈 때리는 대답에 사람들은 자신의 동기와 노력이 부족하다고 반성하고, 유튜브에서 공부 자극 영상을 찾아보며 마음을 다잡으려고 노력합니다. 영상을 보는 동안만큼은 진짜 열심히 할 수 있을 것 같습니다. 엄청난 의지가 솟아올라 각오를 다집니다. 그런데 막상 영상을 끄고 책상 앞에 앉으면 아무것도 변한 게 없는 자신을 확인하게 되지요.

시험에 합격한 수험생들의 공부법을 찾아서 따라 해보기도 하고, 공부 전문가들의 조언을 모두 적용해보지만 공부가 잘 안됩니다. 그러면 책임을 자기 자신에게 돌리게 됩니다. '나는 구제불능이야.' 장수생일수록 스스로를 한심하게 생각하며 자신감을 잃는 경우가 많습니다. 실패를 거듭하다 보면 또다시 실패할 것이라는 부정적인 생각이 들고, 끝내 무기력해집니다. 저도 시험을 오랫동안 준비하면서 자기혐오에 빠진 적이 있었습니다. 이 모든 결과가 나의 능력이 부족한 탓이고 내가 의지박약인 것처럼 느껴졌으니까요.

뇌를 관리하면 합격이 가까워진다

　정말 이 모든 문제의 원인이 노력하지 않아서일까요? 그렇다면 왜 노력하지 않는 걸까요? 공부의 능률, 성적 격차의 원인에 관해서는 수많은 교육학자도 우리와 똑같이 고민해왔습니다.

　대표적인 예로 미국의 사회과학자 제임스 콜먼(James Samuel Coleman)이 1966년에 발표한 콜먼 보고서가 있습니다. 콜먼은 미국의 학교 약 4천 개와 학생 60만 명, 교사 6만 명을 대상으로 수집한 데이터를 분석했습니다. 그 결과 학생들의 학업성취에 영향을 미치는 주된 요인은 학교 내에 있는 교사의 능력이나 교과서 같은 것이 아니라, 부모와의 관계나 친구들과의 관계처럼 사회적인 요소에 있음을 밝혀냈지요. 콜먼 외에도 영국의 교육사회학자 바실 번스타인(Basil Bernstein)은 학생들이 사용하는 언어가 학업성취에 큰 영향을 미친다고 봤고, 학생 개인의 심리에 집중한 학자도 있었습니다.

　여러분이 집중하지 못하고 열심히 하지 못하는 건 사회적, 심리적, 행동, 인지주의적인 아주 복잡하고 다양한 요인이 있습니다. 공부를 못한다고 해서 단순히 "노력이 부족해서 그래"라고 결정짓는 것은 옳지 않으며 가혹한 말이기도 합니다. 하지만 나의 모든 배경과 행동을 추적하고 수정하기란 거의 불가능에 가깝습니다. 시간을 되돌릴 수도 없을뿐더러 우리의 기억이 그렇게 정확하지도 않기 때문입니다.

방법이 없을까요? 다행히도 단서가 하나 있습니다. 그것은 바로 '뇌'입니다. 뇌 상태를 제대로 파악할 수만 있다면 나에게 영향을 미친 수많은 배경을 파악할 수는 없어도 스스로를 노력하게 만들 수는 있습니다.

운동선수들이 경기에서 좋은 결과를 내기 위해 가장 먼저 하는 것이 있습니다. 바로 자신의 몸을 관리하는 일입니다. 몸이 건강해야 경기에 나가 활약할 수 있고 부상의 위험에서도 자유로울 수 있으니까요. 경기에서 좋은 성적을 내기 위해 혹독하게 훈련할 때도 수시로 자신의 몸을 돌보고 관리해야 합니다. 그래야 실전에서 제 실력을 발휘할 수 있게 됩니다.

공부도 이와 비슷합니다. 공부에서 성과를 잘 내려면 우리는 먼저 뇌를 관리해야 합니다. 뇌가 공부에 집중할 수 있도록 불필요한 신호를 차단하고 중독으로부터 멀어질 수 있게 관리해야 합니다. 관리되지 않은 상태, 즉 뇌가 망가진 상태에서 무리하게 공부를 시도한다면 어떻게 될까요? 부상을 회복하지 못한 운동선수가 무리해서 경기에 출전하는 것과 같은 맥락으로 흐를 것입니다. 아무리 멋진 목표와 계획이 있더라도 공부에 온전히 힘을 쏟지 못하게 될 거예요. 뇌가 공부에 양적, 질적 노력을 지속하게 할 능력이 없는 상태일 테니까요. 그렇게 실패를 몇 차례 경험하고 나면 앞으로도 계속 실패할 거라는 부정적인 생각이 뇌를 지배하게 됩니다. 이후 패턴은 제가 경험했던 것과 동일하게 흘러가겠지요. 무기력에 빠지고, 무기력이 지속되면서 새로운 일에 시도하거나 도전하는 것이 꺼려집니다.

공부를 잘하려면, 다시 말해 무엇보다도 공부에 제대로 집중하고 익힌 것을 잘 흡수하려면 뇌를 관리하는 것이 우선순위가 되어야 합니다. 잦은 중독과 습관들로부터 뇌를 구하고, 정상으로 돌리는 것이 선행되어야 공부에 온전히 집중하고 노력할 수 있습니다. 그다음부터는 자신에게 맞는 공부법을 찾아 공부하면 됩니다.

지금부터 제가 할 이야기는 중독과 뇌, 중독에 부상당한 뇌가 공부에 미치는 영향과 이를 앞으로 어떻게 헤쳐 나가야 할지를 알아보려고 합니다. 문제를 제대로 인식하면 다음이 보입니다. 우리의 다음은 합격이라는 목표에 도달하는 것이지요. 공부할 수 있는 뇌를 만들어 꼭 목표에 도달하기를 바랍니다.

뇌를 망치는
습관과 중독들

"내가 공부에 집중하지 못했던 이유도 뇌가 망가졌기 때문이었나? 하지만 뇌가 망가진 것치고는 아무 문제없었는데?"

뇌가 망가졌다는 표현이 조금 과격하게 들릴 수 있지만, 이는 심각한 질병을 말하는 것이 아님을 기억해주세요. 어디까지나 뇌가 현재 공부하기 힘든 상태에 놓여있다는 뜻이니까요. 이를 자세히 살펴보기 전에 우리의 뇌가 공부에 집중할 수 없도록 심각하게 망가진 상태란 무엇인지에 대해 먼저 알 필요가 있습니다.

우리 뇌를 가장 짧은 시간에 아주 치명적으로 망가뜨리는 방법은 무엇일까요? 바로 '중독'입니다. 중독은 뇌를 망가뜨리는 가장 효과적인 방법입니다. 그럼 중독은 왜, 어떤 원리에 의해 이토록 뇌를 망가뜨리는 걸까요? 그 답을 얻기 위해서는 먼저 중독의 특징을 알아야 합니다.

'절대 충족되지 않는다.'

아무리 보상을 많이 받았다 할지라도 절대 만족하지 못하며, 밑 빠진 독처럼 보상에 대한 끝없는 갈망이 샘솟는다는 것입니다. 게다가 무언가에 중독되었을 때 받는 보상은 다른 보상과 비교할 수 없을 만큼 강력하고 매력적입니다.

생각해보세요. 일반적인 경우, 어떠한 보상을 얻기 위해서는 반드시 노력이나 시간을 들여야만 합니다. 100점이라는 보상을 얻기 위해서는 오랜 시간 책상에 앉아 공부해야 하며 친구와의 수다도 잠시 접어두어야 하지요. 원하는 것을 얻기 위해 포기해야 할 것들이 꽤 많습니다. 하지만 중독에 의한 보상이라면 어떨까요? 좋아하는 것을 포기하지 않고도, 힘든 시간을 투자하지 않고도 즉시 쾌락을 얻을 수 있는 경우가 많습니다. 그러니까 중독의 보상과 일반적인 보상은 아예 경쟁 자체가 안 되는 겁니다.

게다가 중독에 빠지면 점점 더 강력한 자극을 갈구하게 됩니다. 처음에는 가벼운 보상으로도 충분히 쾌감을 느낄 수 있었지만 그 후에는 처음에 느꼈던 것과 같은 정도의 쾌감은 절대 느낄 수 없습니다. 마약이나 도박에 중독된 사람들을 떠올리면 이해가 쉽지요. 그래서 중독된 사람들은 더 강한 보상과 자극을 얻기 위해 중독물질을 점점 더 늘려가는 것입니다. 정도를 넘어 심각한 지경에 이르면 삶의 모든 이유가 중독된 보상을 얻기 위함으로 바뀝니다. 뇌의 신경회로가 재구성되는 것이지요. 중독되면 쉽게 빠져나올 수 없는 이유가 바로 여기에 있습니다. 누군가는 제 말을 듣고 '아무리 중독이 나쁘다고 하지만 뇌까지 바뀐다고?' 하며 과하다고 생각할지도 모릅니다.

여러분은 '도파민Dopamine'이라는 뇌 신경전달물질에 대해 들어본 적이 있나요? '쾌감 호르몬'이라고도 불리는 도파민은 우리 뇌의 정신활동에 활력을 불어넣는 에너지원 역할을 합니다. 뇌는 인간을 생존시키기 위해 도파민을 중심으로 한 보상체계를 만들었습니다. 이 보상체계는 인류가 지금까지 생존하는 데 지대한 공헌을 했습니다. 생존하기 위해 끊임없이 먹이(보상)를 찾게 했고, 강력한 동기와 에너지를 제공했습니다.

하지만 세상은 빠르게 바뀌었고 모든 것이 풍족한 세상이 되었습니다. 부족한 환경에서 오로지 생존하기 위해 만들어졌던 도파민의 보상체계가 현대에는 더 이상 통하지 않게 되었고, 점차 부작용이 나타나기 시작했습니다. 부작용의 대표적인 사례가 바로 중독입니다. 꼭 약물이나 도박 같은 심각한 수준이 아니더라도 게임 중독, 스마트폰 중독처럼 우리는 늘 일상의 크고 작은 중독에 노출되어 있습니다. 그리고 공부가 잘되지 않는 여러분의 뇌 역시 정도의 차이는 있을지언정 이런 일상의 중독에 의해 망가져 있을 가능성이 높습니다. 이를 깨닫고 인정하는 것에서부터 문제를 해결할 수 있습니다.

● 쉬운 보상이 뇌를 유혹한다

대학생 상욱이는 어느 날 늦잠을 잤습니다. 눈을 뜨니 수업이 이미 시작되었을 시간입니다. 어떻게 할지 잠시 고민하던 상욱이는 이런 생각을 했습니다.

'어차피 오늘 수업은 그거 하나고 수업이 이미 시작했으니 지금 가봤자야…. 그냥 재끼자.'

마침 수업도 하나라서 학교에 아예 가지 않기로 합니다. 성실한 보통의 학생이라면 이런 상황에서 죄책감이 들기 마련이지요. 그래서 곧이어 이렇게 다짐해요.

'오늘만 빠지고 다음부턴 안 그래야지.'

상욱이는 이 다짐을 지킬 수 있을까요? 단언컨대 상욱이는 다음에 또 늦잠을 잘 테고 또다시 수업을 빠질 것입니다. 대학에는 이런 말이 떠돌고 있습니다.

'수업을 한 번도 안 빠진 학생은 있어도, 한 번만 수업에 빠진 학생은 없다.'

한 번이라도 수업에 빠져봤다면 그때부터 잘못된 행동이 빠르게 습관화되어 2번, 3번… 또는 더 많이 수업에 빠지게 되는 것이지요.

혹자는 상욱이가 원래부터 불성실한 학생이 아니냐고 생각할지 모르겠지만 그 반대입니다. 상욱이는 그 힘든 고3 생활을 그 누구보다 성실하게 보냈습니다. 하지만 그랬던 상욱이는 한 번의 결석을 계기로 게으름이라는 중독에 빠졌고 그렇게 중요하게 여기던 학점을 하찮게 여기게 되었습니다. 왜 이렇게 되었을까요?

고3 시절, 그는 좋은 대학에 합격(욕구)하기 위해 밤낮으로 열심히 공부(노력)했습니다. 그 결과 원하는 대학에 합격(보상)할 수 있었지요. 이렇듯 '욕구-노력-보상'이라는 일반적인 보상체계를 따라 건강하게 지내왔습니다. 그러다 처음으로 노력이 빠진 보상체계, 즉 중독의 보상체계(욕구-보상)를 경험한 것입니다. 학교에 가지 않고, 공부를 열심히 하지 않고 곧바로 얻은 휴식이라는 편안한 보상이었지요.

이런 중독의 보상체계는 모두에게 매력적으로 다가옵니다. 물론 장기적으로 봤을 때 이 보상이 상욱이에게 긍정적인 영향을 주지 못할 거라는 사실은 다 알고 있습니다. 하지만 욕구가 생긴 그 즉시 보상을 받을 수 있다는 장점은 일반적인 보상체계를 압도해버리지요.

매력적인 보상에 중독된다기보다는 큰 노력 없이 빠르게 보상을 얻을 수 있다는 것, 이것이 중독의 보상체계에 길들여지면 헤어나기 힘든 이유입니다.

공부하다가 자꾸
딴짓을 하는 이유

공무원 시험을 준비하는 민정이는 온종일 공립 도서관에서 공부하는 등 꽤 모범적인 수험 생활을 하고 있었습니다. 그러나 한 가지 말 못 할 고민이 생겼지요. 스마트폰에 빠지면 시간 가는 줄 모르고 몇 시간을 흘려보낸다는 거였습니다. 오래 만나지 못한 친구들의 소식도 궁금하고 뉴스를 업데이트하기도 하며 유튜브 영상과 댓글에 빠져 스마트폰만 들여다보다 하루가 간 적도 있습니다. 오랜 시간 책상에 앉아 있지만 정작 공부에 쏟는 시간은 얼마 되지 않았습니다. 안 되겠다 싶어 순수하게 공부에만 투자한 시간을 따져봤는데 한 시간이 채 되지 않았던 날

도 있었습니다. 아침부터 늦은 밤까지 도서관에 앉아 있었는데
도 말입니다.

인터넷이 우리 생활에 깊숙이 관여한 이래 스마트폰은 우리
가 하는 딴짓의 가장 큰 부분을 차지하고 있습니다. 스마트폰
중독이라는 말이 생겨날 정도로 많은 사람이 스마트폰에서 눈
을 떼지 못합니다. 특히 공부하는 이들에게 스마트폰은 너무 짜
릿하고 자극적이며 접근이 매우 쉽기까지 합니다. 공부처럼 무
료하고 고독하며 지루한 환경에 놓인 수험생들에게는 잠깐 메
시지를 확인하는 것 자체가 강력한 보상이 되니까요.

이렇게 말하면 많은 수험생이 억울해합니다.

"스마트폰 조금 들여다본 걸로 중독됐다고 말하면 너무 지나
친 것 아닌가요?"

하지만 스마트폰을 보고 싶다는 욕구, 동시에 그 어떤 노력도
없이 공부하지 않고도 즉각적으로 즐거움을 누릴 수 있다는 점
에서 중독의 보상체계와 많이 닮았습니다. '노력이 사라진' 중독
의 보상체계와 '노력을 해야만' 원하는 것을 얻을 수 있는 일반
적인 보상체계, 도파민은 어느 쪽 손을 잡아줄까요? 당연히 중
독의 보상체계에 반응할 수밖에 없습니다. 자연스럽게 우리는
도파민에 의해 중독의 보상체계를 선택하게 되는 것이고요. 민
정이 역시 이 경로를 따른 것뿐입니다.

뇌가 중독에 빠지면 가장 먼저 일어나는 변화는 전전두엽의 능력이 약해진다는 겁니다. 전전두엽은 공부와 가장 관련이 깊은 뇌 영역이지요. 충동성을 조절하는 자기통제 능력, 미래를 위해 인내하게 하는 능력이 있습니다. 나아가 목표를 설정하고 스스로 점검하며 성찰하는 능력을 담당하지요. 종합하자면 전전두엽은 인간을 가장 인간답게 만드는 뇌 영역인 셈입니다. 그런데 중독으로 이 전전두엽이 타격을 받으면 인간은 이 모든 능력을 상실하게 됩니다. 미래를 내다보거나 계획하며 인내하고 성찰하는 능력들을 잃고 오로지 현재의 만족만을 위해 충동적으로 살게 됩니다.

이런 현상을 가리켜 미국의 뇌과학자 케네스 블룸Kenneth Blum은 '보상결핍증후군'이라고 이름 붙였습니다. 보상결핍증후군은 도파민의 분비와 수용체 이상으로 문제가 발생하는 현상을 말합니다. 중독된 사람들은 도파민에 내성이 생겨 정상적으로 도파민을 사용하는 사람들과 똑같은 보상을 받아도 만족감이 낮습니다. 만족감이 낮으니 공부를 잘해서 성공해야겠다는 보상도 매력적이지 않습니다. 그러면 당연히 더 강력한 자극이 필요하며, 충동적인 삶이 지속될 수밖에 없습니다. 결국 공부와 같이 지루한 보상들은 전혀 눈에 들어오지 않겠지요.

공부 중 떠오르는 잡생각 끊어내는 법

"친구와 안 좋았던 일이 계속 떠올라서 공부에 집중하기가 어려워요."

어느 수험생이 이런 고민을 토로했습니다. 저 역시 정말 아끼던 동생과 사이가 틀어지면서 힘들었던 순간이 있습니다. '그때 이렇게 했으면 어땠을까, 저렇게 했으면 어땠을까'를 매일 생각하며 후회하기를 반복했지요. 이런 상황은 특히 수험생에게 치명적입니다. 고민이 해결되기 전까지 머릿속에 계속 맴돌아 도무지 공부에 집중할 수 없게 되거든요.

고민이 반복적으로 떠오르는 이유는 우리 뇌의 독특한 기억 구조 때문입니다. 기억과 관련한 일은 변연계, 즉 기본적인 감정과 욕구 등을 관리하는 신경계에서 담당하는데요. 그중에서도 우리가 주목해야 할 것은 '파페츠 회로Papez Circuit'입니다. 파페츠 회로는 미국의 신경과학자인 파페츠 박사가 처음 발견한 개념으로, 해마, 유두체, 시상전핵, 대상회, 해마방회 등의 뇌 연합 구조를 통해 감정을 조절하고 기억에도 영향을 미칩니다.

우리가 고민이나 걱정을 떠올리면 파페츠 회로를 통해 그 생각은 점점 더 강해져 장기기억으로 확고히 자리매김하게 됩니다. 이로써 그 생각이 더 강해지고 더 자주 떠오르게 되지요. 처

◆ 파페츠 회로

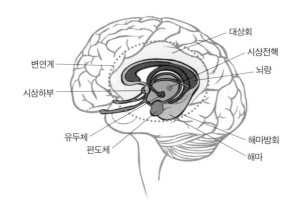

구분	주요 기능
→ 해마	새로운 기억을 처리하여 단기기억을 장기기억으로 만드는 역할을 한다.
↓ 유두체	해마로부터 오는 수용체를 시상으로 중계하는 역할을 한다. 이를 통해 회상과 공간 기억에 영향을 미친다.
↓ 시상전핵	유두체로부터 받은 수용체를 대상회로 투사한다. 기억을 거르는 필터 역할을 하며, 각성과 학습 등에 영향을 미친다.
↓ 대상회	대뇌의 내측면에 위치하여 뇌량의 가장자리에서 전후 방향으로 뻗어 있다. 변연계의 각 부위를 연결하며 감정의 형성과 처리, 운동, 학습 등에 영향을 미친다.
└ 해마방회	해마 주위에 존재하는 회백질의 대뇌피질 영역으로, 기억의 부호화 및 인지 등의 역할을 담당한다.

음에는 그리 큰 문제가 아니었더라도 파페즈 회로의 사이클을 반복적으로 거치면 기억을 떠올릴 때마다 감정이 덧칠되어 점점 더 강렬해집니다. 별일 아닌 사건에 대한 기억도 계속 반복해 떠올리다 보면 인생에 막대한 영향을 미친 문제처럼 과장되고 왜곡되는 상황을 경험해보셨을 겁니다. 이런 이유 때문에 아직 오지 않은 미래의 일이나 이미 지나간 과거의 일에 대한 고민과 걱정도 쉽게 사라지지 않는 것입니다.

공부나 일에 집중하기 위해 우리는 전전두엽의 작업기억이라는 영역을 사용합니다. 작업기억은 마치 우리가 공부할 때 사용하는 책상처럼 한정된 공간으로 이루어져 있습니다. 여기에서 이해와 사고의 과정을 거치고 감정도 느끼지요. 그런데 나쁜 기억과 불안, 두려움, 분노 등 강렬한 감정이 책상 위를 가득 덮는다고 상상해보세요. 그 책상에서는 공부든 일이든 아무것도 할 수 없을 겁니다. 장기적인 스트레스에 노출될 테고 긍정적인 생각보다는 부정적인 생각이 더 강해져서 건강에도 영향을 줍니다. 결국 정신과 몸 모두 망가지게 되는 겁니다.

또 파페즈 회로를 따라 고민이 반복되는 동안 우리는 기억과 감정의 사이클에 놓이게 되며 상대적으로 이성이 약해집니다. 고민이 무한 사이클을 돌며 이성을 관장하는 전두엽을 마비시키고 이성적인 판단을 할 수 없게 만들지요. 이미 지나간 사건

이나 아직 일어나지 않은 일에 대한 걱정은 어차피 이성적으로
는 해결할 수 없는 문제입니다. 이미 파페츠 회로가 돌아간다는
건 뇌의 주도권이 변연계에 있다는 뜻이니까요. 즉 뇌의 에너지
원인 도파민이 변연계로 많이 향하고 있다는 말입니다.

　뒤에서 자세히 설명하겠지만 이런 생각의 중독을 끊고 싶다
면 가만히 있기보다는 꾸준히 또 규칙적으로 몸을 움직여 도파
민을 전두피질 방향으로 향하게 하는 것이 좋습니다. 부디 파페
츠 회로에 갇혀 무한 회로를 돌리고 있는 스스로를 구해내시길
바랍니다.

● 　　　에너지를 끌어 모아 공부에 쏟는 법

　우리 뇌는 어떤 대상에 집중하기 위해 불필요한 자극들을 계
속 걸러냅니다. 뇌에 정보가 들어오면 1차로 기저핵 시스템에
서 그 정보가 필요한지 불필요한지 분류한 다음, 2차로 전전두
엽의 피질에서 확정하여 처리합니다. 만약 우리가 공부 중간에
잠시 메시지를 확인하고 휴대폰을 봤다면 뇌는 이 복잡한 시스
템을 계속 돌려야 합니다. 집중력에 쏟을 수 있는 에너지를 이
시스템을 돌리는 데 빼앗기겠지요. 백색소음을 들으며 집중력

을 높이고자 노력한대도 불필요한 자극들에 꾸준히 노출된다면 몰입은커녕 최소한의 집중력도 기대하기 어렵습니다.

자꾸만 공부에 집중하는 것이 어렵게 느껴진다면, 나의 정신에너지가 어디로 새고 있는 건 아닌지 확인해봐야 합니다. 점심을 먹는 동안 공부와 관련 없는 주제로 너무 많은 대화를 한 건 아닌지, 아침에 본 자극적인 기사가 여전히 나를 붙잡고 있는 건 아닌지, 공부와 관련 없는 것에 내 에너지가 빼앗기고 있는 건 아닌지 살펴봐야 합니다. 그리고 불필요하게 새어나간 에너지를 차단하세요. 단순히 '오늘 하루 쉰다고 내 성적이 달라지겠어?'라고 생각하지 말고, 내가 즉흥적이고 중독적인 보상체계에 익숙해 있진 않은지 확인해볼 필요가 있습니다.

명심하세요. 도파민이 분비되는 양은 한정적입니다. 공부하기 전에나 공부 중에 재미있는 영상을 많이 봤다면 도파민이 엄청나게 뿜어져 나올 겁니다. 계속 다른 영상을 보게 만들 거예요. 그렇게 쭉 재미난 영상을 보다 보면, 어느새 엄청난 시간이 흘러 있고 은근히 피곤이 몰려올 겁니다. 공부에 집중할 자원인 도파민을 거의 다 써버린 탓입니다. 게다가 공부는 우리가 본 영상보다 재미없기 때문에 이미 소진된 도파민이 추가적으로 분비되는 건 어렵습니다.

도파민이 부족한 상황에서 공부가 가능할까요? 집중력은 전혀 기대할 수 없으며, 뇌의 각성수준이 낮아져 잠까지 쏟아질 텐데요. 우리 두뇌의 에너지는 한정적이며, 그 한정된 에너지를 어떻게 사용하는지에 따라 공부량과 집중력의 강도에 차이가 나게 됩니다. 스스로 집중력과 에너지를 빼앗기는 행동을 반복하면서 노력이 부족하거나 재능이 없어서 성적이 나오지 않는다고 말하는 건 이치에 맞지 않습니다. 겨우 휘발유 1리터를 주유한 차로 서울에서 부산까지 가기를 바라는 것과 같은 논리이니까요.

공부 몰입도를 높이는
4가지 기술

자, 이제 여러분의 상태를 찬찬히 생각해보세요. 앞서 소개한 중독 상태를 겪고 있지 않나요? 수시로 찾아오는 크고 작은 중독들이 여러분의 공부를 방해하고 있지는 않나요? 그렇다면 그 중독을 끊어내는 게 무엇보다 시급합니다. 그렇지 않고서는 아무리 좋은 공부법이나 물리적 조건을 대입해본들 소용이 없을 거예요.

지금부터는 중독으로부터 자유로워지는, 공부에 전념할 수 있도록 우리가 시도할 수 있는 것들에 대해 알아보려 합니다. 핵심은 중독이 되는 보상을 완전히 끊어내는 것입니다. 우리는 몸 상태가 좋지 않다면 병원에 가서 약을 처방받고, 심각한 경우에는 수술을 하기도 합니다. 그러나 그전에 가장 먼저 병의 원인이 되는 음식이나 몸을 해치는 약물을 끊도록 권유받지요. 공부도 이와 마찬가지 원리입니다. 우리가 온전히 공부에 몰입하고자 한다면 도파민을 조절해야 합니다.

도파민은 마치 자동차의 연료처럼 뇌에 에너지원 역할을 하고, 뇌는 도파민이 다니는 길을 고속도로처럼 만들어놓습니다. 이것을 '도파민의 경로'라고 부르는데, 다양한 도파민의 경로 중에서 중독과 관련 있는 경로는 두 가지입니다.

첫 번째는 '중뇌-피질 경로'로, 도파민이 전두엽과 전전두피질 전체로 향하도록 이어져 있습니다. 이를 통해 도파민이 많이 분비되면 그 경로에 위치한 전두엽과 전전두피질이 힘을 얻게 되겠지요. 그러면 충동에 대한 통제력과 내 의지대로 행동하는 실행력이 강해집니다. 무기력이나 게으름, 우울함 등을 극복하는 데 큰 도움을 줍니다.

두 번째는 '중뇌-변연계 경로'입니다. 변연계는 감정과 관련된 뇌 영역입니다. 특히 변연계에 위치한 편도체는 감정의 중추라고 불릴 만큼 우리 감정에 깊이 관여하며 감정의 강도를 조절하는 역할을 합니다. 도파민이 이 경로를 통해 변연계로 많이 향할수록 감정적인 행동을 할 가능성이 커집니다. 초반에는 창의성과 감수성, 공감 능력을 높이며 솔직한 감정 표현으로 스트레스를 많이 낮추는 효과도 있습니다. 하지만 중뇌-변연계 경로에 지속적으로 많은 도파민이 분비되면 우울한 감정이나 불안한 감정이 더 강력해지거나 비상식적인 생각과 충동적인 행동을 할 가능성이 높아집니다. 그만큼 욕구나 중독에 취약해지기 때문에 이 경로를 '욕망 회로'라고 부르기도 합니다.

그렇다면 중독을 끊어내려면 어느 경로를 활성화해야 할까요? 바로 '중뇌-피질 경로'입니다. 도파민을 이 경로로 많이 향하게 하면 우리 뇌는 빠르게 회복하기 시작하며 이성과 자기조절의 전전두엽도 살아나기 시작합니다. 회복된 전전두엽은 해야 할 일들을 떠올리며 행복감을 느끼기 시작하는데, 이 모든 현상이 뇌가 정상으로 돌아온다는 증거입니다. 이렇게 되면 중독에서 벗어나는 것은 물론이고 다시 중독에 빠지지 않는 힘을 기를 수 있습니다. 전전두엽이 건강하면 수많은 중독이 우릴 유혹해도 통제력과 인내력으로 건강한 보상체계를 유지할 수 있습니다.

중뇌-피질 경로를 활성화하고 전전두엽에 힘을 실어주는 방법, 즉 중독에서 빠져나오기 위해 우리가 할 수 있는 4가지 방법을 소개합니다.

1) 그냥 움직이기

말 그대로 특별한 이유 없이 행동하는 것입니다. 우리가 움직이면 도파민이 전두엽으로 조금이라도 더 향하게 되고, 이로 인해 잠깐이라도 전두엽에 역할이 생깁니다. 도파민은 쾌락에만 반응하는 것이 아니라 내가 상황을 통제할 수 있다고 믿을 때도 분비되기 때문입니다. 움직임에도 계획은 필요합니다. 생각 없이 걷는다 해도, 길을 건너려면 횡단보도를 확인해야 하고 신호등도 봐야 하니까요. 따라서 움직이는 것만으로도 우리 뇌는 통제감을 느끼고, 그것을 보상으로 여겨 도파민을 긍정적으로 사용할 수 있게 됩니다. 우울감이나 불안, 분노 같은 감정이 느껴질 때 전문가들이 집 안에 가만히 있지 말고, 산책이나 청소 등 움직이기를 권하는 것과 같은 맥락입니다.

게다가 걷거나 운동할 때는 행복감을 느끼는 뇌 신경전달물질인 세로토닌Serotonin이 활발히 분비됩니다. 단순히 걷는 것만으로도 조금의 행복감을 느낄 수 있어요. 화가 날 때 일단 밖으로 나가서 한참을 걷고 나면 어느 정도 화가 풀리고 진정되는 것을 경험할 수 있습니다. 물론 움직인다고 해서 중독에서 즉시 벗어나고, 엄청난 실행력이 바로 생기는 건 아닙니다. 중독을 끊어내기 위해서는 꾸준한 노력과 시간이 필요하거든요. 비록

걷기와 운동이 사소한 행동일지라도 감정으로 치우쳐 분비되는 도파민의 강력한 힘을 어느 정도 줄일 수 있으며, 이성과 의지를 되찾게 할 수 있습니다.

만약 움직이고 행동하는 것에 익숙해져서 좀 더 큰 효과를 바란다면 일과를 늘리는 것도 좋습니다. 그러면 행동에 목적이 더해지면서 이유 없이 움직이는 것보다 전전두엽 활성화에 큰 도움을 줄 수 있습니다. 일상에 집중하고 일과를 해냄으로써 불안한 감정과 생각을 막아주는 효과도 있지요. 일상의 루틴은 도파민의 경로를 설정하는 최고의 방법이기 때문입니다.

● 2) 시간제한-시간지연 전략 활용하기

중독에 노출될 수밖에 없는 환경이라 중독을 완전히 끊을 수 없다면, 보상받을 시간을 구체적으로 정하고 보상을 누릴 시간을 제한하는 시간제한-시간지연 전략을 활용해 보시기 바랍니다. 만약 스마트폰이 나에게 즐거움을 주는 보상이라면 일단 지금 하던 공부나 일을 마친 후에, 딱 20분만 스마트폰을 확인하기로 제한을 두는 것입니다.

앞서 중독의 보상체계는 욕구가 생기고 바로 보상을 얻는 구조라 했는데, 시간제한-시간지연 전략은 욕구와 보상 사이에 인내와 노력이라는 매개를 넣고, 무제한으로 누리는 보상 시간을 제한하는 데 초점을 둡니다. 중독의 보상체계를 일반적인 보상체계로 바꾸려는 것이 이 전략의 핵심인 셈이지요.

구글타이머

이때 시간지연과 시간제한을 시각적으로 접하면 더 효과적입니다. 예를 들면 일명 구글타이머 또는 타임타이머라 불리는, 시간제한이 시각적으로 표현된 타이머가 있습니다. 우리 뇌는 감각 정보들 중에서도 시각적 정보를 가장 많이 받아들이고 가장 큰 영향을 받는데, 이러한 타이머는 시간의 흐름을 직접 보면서 보상 시간을 무제한으로 늘리지 않도록 도와줍니다.

이 방법은 일의 능률도 더 높여줍니다. 줄어드는 시간을 보며 일이나 공부를 하게 되면 나름의 위기감을 느끼게 됩니다. 그러면 뇌 신경전달물질인 노르에피네프린Norepinephrine이 분비되고, 이것이 전전두피질을 자극해 주의를 높여주므로 집중력이 높아집니다.

● 3) 자신에게 말하기

할 일이 산더미처럼 쌓여 있는데도 모두 외면한 채 게임만 계속하고 있다면 자신에게 "몇 시간째 게임만 붙잡고 있었으니 이제 그만하는 게 어때?"라고 소리 내어 말해보세요. 이렇게 말한다고 정말 도움이 될까 싶겠지만, 이런 말이 전두엽과 전전두피질의 윤리의식을 담당하는 영역을 자극해서 현명하고 합리적인 의사결정을 하도록 도와줍니다.

특히 소리 내어 말하는 행동은 뇌의 여러 부분을 활성화하는데 그중 대표적인 영역이 '베르니케 영역'과 '브로카 영역'입니다. 베르니케Wernicke와 브로카Broca는 그 영역을 발견한 학자들의 이름으로, 베르니케는 언어를 듣거나 읽고 이해하는 영역, 브로카는 언어를 유창하게 말로 표현하는 영역입니다. 이 두 영역은 언어능력과 깊은 관련이 있어서 두 영역 중 하나라도 문제가 생기면 실어증이 나타나기도 하지요.

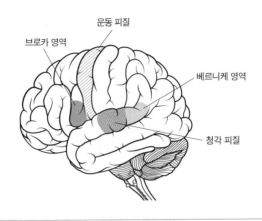

특히 브로카 영역은 말의 유창성뿐 아니라 감정과도 깊은 관련이 있습니다. 감정에 관여하는 뇌 영역인 변연계와 인접하고 있기 때문입니다. 신경질이 나면 자신도 모르게 목소리가 커지는 것처럼 브로카 영역은 감정 변화에 민감하게 반응하며 말소리의 크기나 억양 등 다양한 부분에 영향을 줍니다. 반대로 생각하면, 침착하고 차분한 목소리를 내도 감정 영역에 영향을 미쳐서 활력이 생기겠지요. 마치 가라앉은 팀 분위기에 다시 기운을 불어넣고자 일부러 소리 높여 파이팅을 외쳐 힘을 얻는 선수들처럼요.

중독을 끊고 다시 공부할 힘을 얻고 싶다면 차분한 목소리로 "다섯 시간이나 게임했으면 충분하니 이제 그만하고 과제를 하자"라고 소리 내어 말해보세요. 중독 상태를 멈추고 다시 공부에 집중하는 데 도움이 될 겁니다.

4) 알아차리기

알아차리기는 생각의 중독에 빠졌을 때 사용하면 효과적인 방법입니다. 앞서 설명한 파페츠 회로의 늪에 갇혔을 때지요. 움직이는 것도 감정을 조절하는 데 큰 도움이 되지만 아무리 움직여 봐도 그 생각에서 쉽게 헤어날 수 없다면, 이 알아차리기 전략으로 효과를 볼 수 있을 겁니다.

알아차리기란 머릿속에 떠오르는 생각이나 감정을 어떠한 의식적인 편견이나 판단 없이 그대로 인정하고 받아들이는 행위를 뜻합니다. 이는 명상의 첫 번째 단계이기도 하지요. 이렇듯 내 감정을 알아차리는 것이 감정의 중독에서 벗어나는 데 어떻게 도움이 될까요?

알아차리기의 메커니즘은 전전두엽의 '모니터링Monitoring'이라는 능력과 매우 흡사합니다. 스스로를 객관적으로 보고 파악하는 능력인 셈이지요. 특히 전전두엽 내에 위치한 배외측 전전두 피질에는 적절한 목표와 계획을 세우고 실행하며 성찰까지 가능하게 하는 능력이 있습니다. 자신의 감정을 객관적으로 들여다보고, 나아가 내가 어떤 상황에서 감정적으로 변하는지 또 어떤 상황에서 충동적인 성향을 띠게 되는지 등을 깨닫게 해줍니다.

가수 아이유는 우울감이나 부정적인 감정이 들 때 즉시 몸을 움직인다고 합니다. 집 안을 돌아다니거나 설거지를 하거나 안 뜯었던 소포를 뜯으면서 자기 내면을 돌보는 겁니다. 지금 떠오른 부정적인 감정은 영원하지 않고 자신이 바꿀 수 있는 것임을 알기에 그 우울한 감정에 속지 않으려고 최대한 노력한다고 합니다. 자신의 부정적인 감정을 빠르게 알아차리고, 미리 만들어놓은 대응 메뉴얼대로 행동해 그 감정에서 빠르게 벗어나는 것이지요. 이는 곧 그녀가 평소 자신의 감정을 정확하게 인지하며, 객관적인 모니터링을 하고 있다는 뜻입니다.

이처럼 알아차리기는 단순히 '내가 어떤 기분이다'라고 판단하는 것이 아니라 '내가 이런 생각을 하고 있구나'라며 자신을 인정하는 과정입니다. 마치 제3자가 내 생각을 들여다보는 것처럼 객관적인 관점에서 알아차릴 때, 이성적으로 판단하는 전전두엽이 활성화되며 감정의 중독에서 벗어날 수 있습니다.

뇌과학자 박문호 박사가 강의에서 '생각하는 것'과 '생각나는 것'의 차이에 대해 이야기한 적이 있습니다. 생각하는 것에는 우리 의지가 담겨 있고 전두엽이 활성화된 능동적인 생각인 반면, 생각나는 것은 우리 의지와 상관없고 전두엽이 빠진 수동적인 행위입니다.

이 관점에서 보면 우리를 힘들게 하는 건 생각하는 것이 아니라 생각나는 것입니다. 원하지 않는데도 불쑥 뭔가가 생각나고, 떠오른 생각은 쉽게 멈추지 않으며 점점 커지기까지 하니까요. 그럴수록 그 생각을 끊기 위해 내 의지로 '생각하는' 연습을 많이 해야 합니다. 생각하려는 노력이 곧 전두엽을 활성화하는 방법이기 때문입니다.

생각을 애써 억누르기보다 왜 그런 생각이 들었는지 내 의지로 생각해보는 것이 핵심입니다. 내가 어떤 감정을 느끼는지, 내가 왜 할 일을 미루고 싶은지 등 나에 대해 생각해보는 시도가 많아지면 점점 더 자기 객관화가 강화되고 불안한 생각에서도 벗어날 수 있습니다. 더 나아가 스스로를 통제한다는 느낌이 들면서 자연스럽게 자신감과 자존감, 자기효능감 등도 높아집니다.

생각나는 것에 너무 관심을 주지 마세요. 학창시절 세상 심각하게 고민했던 문제들도 지금 와서 생각해보면 아무 일 아니

듯, 지금 여러분이 심각하게 고민하는 그 문제가 미래의 나에게
는 아무것도 아닌 일일 수 있습니다. 너무 걱정하지 말고, 현재
내가 할 수 있는 일과 생각에 집중하세요. 어려움이 닥쳐도 쉽
게 일어서게 할 힘이 될 겁니다.

여러분이 지금 좋아하는 것을 영원히 좋아할 것 같지만 사실
그렇지 않습니다. 앞서 도파민은 새로운 것을 좋아하고, 점점
더 자극적인 걸 원한다고 했습니다. 예를 들어 며칠, 몇 달을 타
지에서 고생했다가 오랜만에 집에 돌아와서 쉬면 정말 행복하
겠지요. 하지만 그게 일주일, 한 달, 1년까지 늘어나서 줄곧 집
에서 쉬면 처음만큼 행복할까요? 세상에 영원한 건 없습니다.
우리 뇌와 도파민도 마찬가지입니다.

여러분이 원하는 것을 곧바로 손쉽게 얻게 된다면, 살면서 즐
길 거리가 그만큼 빠르게 사라진다는 뜻입니다. 반면 내가 좋아
하는 것을 아껴뒀다가 가지면, 기다린 시간만큼 행복은 커집니
다. 지금 당장 스마트폰을 보고 싶지만 이 힘든 공부를 마치고
본다면, 짧은 시간일지라도 그 행복은 더 클 겁니다.

아무 노력 없이 쉽게 얻는 행복을 넙죽 받아들이지 마세요.
손쉽게 얻는 순간의 행복에 익숙해진다면 정말 극복해야 할 일
이 생겼을 때 스스로 일어설 수 없을지도 모릅니다.

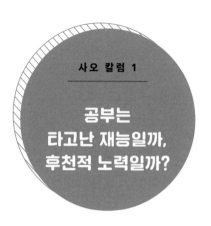

공부는
타고난 재능일까,
후천적 노력일까?

뇌는 우리가 처한 환경과 경험에 영향을 받으며 적응하고 변화한다는 특징이 있습니다. 이를 '뇌가소성' 또는 '신경가소성'이라 부릅니다.

코알라의 뇌를 보면 전두엽 부분이 텅 비어 있습니다. 오래전 코알라의 뇌는 두개골의 크기에 맞게 꽉 차 있었습니다. 하지만 생활이 단조로워지자 뇌, 특히 전두엽의 역할이 축소되었고 자연스럽게 뇌의 크기도 작아졌다고 합니다.

실제로 코알라의 행동을 살펴보면 뇌가 작아진 이유를 충분히 이해할 수 있습니다. 온종일 나무에 매달려 유칼립투스 잎만 먹고 있으니까요. 먹이를 찾아 고생할 이유가 사라진

코알라의 뇌는 퇴행할 수밖에 없습니다. 뇌가소성이라는 특징에 의해 뇌가 환경에 적응한 것이지요.

바위나 특정한 곳에 붙어서 고착생활을 하는 말미잘 역시 뇌가 없는 대표적인 생물 중 하나입니다. 재미있는 사실은 말미잘이 바닷속을 헤엄치며 살던 유충 시기에는 뇌가 있었다는 겁니다. 그러나 머리를 바위에 박고 고착하는 시기가 되면 뇌가 사라집니다. 뇌는 복잡하고 다양한 움직임과 문제 해결을 위해 존재하는데, 이제 복잡한 움직임이 필요 없어졌으니까 뇌를 버리는 거지요.

사람도 마찬가지입니다. 매일 한 자세로 앉아 게임만 하고 자신을 위해 아무 노력도 하지 않는 사람의 뇌는 그 환경에 맞게 뇌가 적응하며 게으르게 변할 것입니다. 반대로 시험이 얼마 남지 않아 필사적으로 공부하는 수험생의 뇌는 공부에 최적화될 테고요. 물론 사람은 자극이 없더라도 코알라나 말미잘처럼 아예 뇌가 사라지는 일까지는 생기지 않겠지요. 하지만 학습의 영역에서는 그 미세한 차이가 큰 결과를 만들어낼 수 있다는 점을 명심하시길 바랍니다.

노력하면 지능도 높아진다

'지능, 즉 IQ는 아무리 노력해도 안 변하는 거 아닌가요?'

미국의 인지심리학자 레이몬드 카텔Raymond Bernard Cattell은 지능을 '유동성 지능'과 '결정성 지능'으로 구분했는데요. 유동성 지능은 타고나는 반사적인 학습 지능이고, 언어성 지능이라고도 불리는 결정성 지능은 경험을 통해 습득한 학습 지능입니다. 어휘력이나 배경지식은 다 결정성 지능과 관련이 깊지요.

유동성 지능은 태어나서 20대 중반까지 발달하다가 점점 쇠퇴합니다. 반면 결정성 지능은 후천적으로 경험과 지식을 습득하면서 점점 향상됩니다. 학창시절 이해하기 어려워했던 학습 내용을 성인이 된 지금 다시 살펴보면 생각보다 쉽게 느껴질 때가 있지요. 그 이유가 바로 결정성 지능이 향상됐기 때문입니다. 어떤 노력과 경험을 하느냐에 따라 우리 지능이 달라질 수 있다는 이야기입니다.

간혹 지긋한 나이에 공부를 시작하는 만학도분들이 "이제 공부해서 젊은 학생들을 따라갈 수 있을까요?"라고 묻곤 합니다. "공부도 다 때가 있다"라는 말도 많이 하는데, 이는 나이가 들수록 공부하기가 더 어렵다는 것이지요. 하지만 나이가 들면 유동성 지능은 쇠퇴할지 몰라도 노력에 따라 결정성 지능은 얼마든지 키울 수 있습니다.

결정성 지능은 단순 암기 영역에서는 불리할 수 있지만, 새로운 정보를 이해하는 데는 큰 도움을 줍니다. 살면서 다양한 경험을 통해 쌓인 배경지식이 새롭게 배우는 정보와 쉽게 결합되면서 이해력이 높아지지요. 이해력이 높아지면 암기도 자연스럽게 이루어집니다. 높은 이해력 덕분에 새로운 지식이 단기기억에서 장기기억으로 가는 데 큰 도움을 줍니다.

저는 공부에 타고난 재능이 전혀 상관없다는 이상적인 이야기를 하려는 것이 아닙니다. 분명히 개인차는 있고, 그에 따라 들이는 노력도 조금씩 다릅니다. 그러나 최선을 다하지 않으면서 아무리 노력해도 선천적인 재능을 이길 수 없다고 말하는 것은 더 이상 노력하지 않아도 된다는 핑곗거리를 찾는 것에 불과합니다. 아무것도 하지 않는 자신을 합리화하며 앞으로 나아가지 않겠다고 선언하는 것이지요. 그러니 여러분도 공부로 좋은 성과를 내고 싶다면, 뇌가 공부에 더 최적화되도록 꾸준히 집중하고 노력해보세요. 우리 뇌는 재능을 뛰어넘는 능력을 발휘할 수 있습니다.

2장

COGNITION
AWARENESS 각성
FLOW
MONITORING
STRATEGY
MINDSET
HABITUATION

뇌를 깨워

공부에

몰입하는 기술

여기 스마트폰조차 사용하지 않고 가족, 친구들과
연락도 끊은 채 고립된 공간에서 온종일 혼자 공부할 만큼
강력한 동기와 의지를 불태우던 한 수험생이 있습니다.
그런데 공부를 시작한 지 얼마 되지 않아
활활 타오르던 의지가 사그라들고 말았습니다.
공부에만 집중할 수 있는 환경을 만들었고
중독이 치고 들어올 공간이 없을 정도로 강한 의지와
건강한 뇌를 지녔음에도 쉽게 지치게 된 이유는 무엇일까요?
초반부터 의지와 열정을 발산하는 학생의 대다수는
다른 수험생들보다 더 빨리 지치고 심지어
쉽게 공부를 그만두는 지경에 이르기도 합니다.
그렇다고 해서 그들의 결정을 그저
노력이 부족했기 때문이라고만 말할 수 있을까요?

당신의 노력은
왜 실패했는가

살면서 노력하는 방법을 자연스럽게 깨우친 사람이 있는가 하면, 주어진 환경 탓에 노력하는 방법을 배우지 못 한 사람도 참많습니다. 여러분이 만약 후자라면 노력이 과연 무엇인지, 노력은 어떻게 하는 것인지를 먼저 알고 경험해야 합니다.

'노력'이란 무엇일까요? 노력의 사전적 의미는 '특정 목적을 이루기 위해 몸과 마음을 다하는 것'입니다. 그래서 교육전문가들은 노력을 정신력과 의지력을 통해 열심히 하는 것이라고 말하기도 합니다. 왜냐하면 본인들도 다 그렇게 했으며 그 과정을 통해 성공적인 결과를 얻었으니까요.

하지만 뇌과학의 관점에서 설명하고자 하는 노력은 조금 다릅니다. 그보다 뇌과학에서 말하는 노력을 설명하기 전에 '각성'을 이해해야 합니다. 노력은 수면처럼 무의식 상태에서 할 수 있는 것이 아니라 의식이 깨어 있는 상태, 즉 각성한 상태에서만 가능하기 때문입니다.

아마 각성이라는 단어는 드라마나 영화에서 들어본 적 있을 겁니다. 영화 「리미트리스」에서는 무능한 작가인 주인공이 지인으로부터 알약 하나를 받아먹게 되는데, 그로 인해 뇌가 각성을 시작합니다. 주인공이 지닌 모든 능력이 강해지면서 인생이 완전히 변화하지요. 게임에서도 각성은 그 캐릭터가 차원이 다르게 강해진다는 표현으로 자주 사용합니다. 정리해보면 각성은 사람을 완전히 바꿔놓을 정도로 강력한 능력을 얻은 상태로 묘사할 수 있습니다.

하지만 의학이나 뇌과학에서는 각성을 '주변의 변화나 자극을 인식하고 그 변화에 대처할 수 있는 상태'라고 설명합니다. 주변의 빛이나 바람, 냄새와 같은 감각 자극들을 느낄 수 있고 그 자극에 따라 행동이나 말을 할 수 있는 상태가 바로 각성인 것입니다. 다만 깨어 있다고 해서 모두 똑같은 각성상태는 아닙니다. 똑같이 달리기하더라도 전력 질주를 하는 사람이 있는가 하면, 천천히 뛰는 사람도 있습니다. 잠을 자더라도 얕은 잠을 자며 계속 꿈을 꾸거나 자주 깨는 사람이 있는가 하면, 깊은 잠에 빠지는 사람도 있지요.

이 말은 각성이 단순히 의식이 있고 없음의 문제가 아니라는 겁니다. 뇌의 각성상태에는 수준의 높고 낮음이 존재합니다. 그 수준에 따라 우리가 할 수 있는 일이 더 많아질 수도 줄어들 수도 있지요. 예를 들어 높은 수준의 각성상태에서는 고도의 집중력으로 어려운 수학 문제를 해결할 수 있지만, 반대로 잠이 오고 졸린 낮은 수준의 각성상태에서는 공부에 집중하기가 어렵겠지요. 이렇듯 노력이란 어느 정도 높은 수준의 각성상태에 이르러야만 동력을 얻을 수 있습니다.

● 공부에 최적화된 뇌 만들기

우리 몸의 생체시계라고 불리는 시교차 상핵은 눈의 망막을 통해 빛을 인지하고 생체리듬을 조절합니다. 예를 들면, 밤이 되어 불빛이 줄어들면 시교차 상핵은 밤이 왔다고 판단해서 잠에 들게 하는 멜라토닌Melatonin이라는 호르몬을 분비합니다. 그렇게 잠에 들었다가 다음 날 새벽, 시교차 상핵이 조금씩 아침의 빛을 감지하면서 스트레스라는 호르몬을 분비해 뇌를 각성시키고,

우리는 잠자리에서 일어나게 됩니다. 잠에서 깬다는 것은 뇌의 각성수준이 높아졌음을 의미하며, 뇌의 각성수준을 높이는 데는 그 무엇보다 스트레스라는 녀석이 큰 역할을 합니다.

스트레스를 받을 때, 우리 뇌에서는 스트레스를 인지하고 위험에 대응하기 위해 수많은 호르몬을 분비합니다. 그중 방어 호르몬이자 뇌 신경전달물질인 노르에피네프린은 의식을 또렷하게 하고, 논리적이며 합리적인 추론적 사고를 가능하게 합니다. 스트레스로 인해 노르에피네프린이 더 많이 분비되면 뇌의 각성수준이 높아져 흐리멍덩했던 뇌가 명석해집니다.

이런 스트레스와 각성의 관계는 우리 일상에서도 쉽게 찾아볼 수 있습니다. 아침에 힘겹게 일어나 씻고 옷을 입는 귀찮은 행동을 하는 과정에서 뇌는 지속적으로 스트레스를 받게 되고, 이런 스트레스는 노르에피네프린을 더 많이 분비하게 하며 그 결과 각성수준이 높아져 온몸에 활력이 생깁니다. 그러면 이후 더 어렵고 복잡한 행동인 출근하기, 공부하기와 같은 행동도 할 수 있게 되지요.

이와 반대로 아침에 바로 일어나지 않고 계속 뒹굴뒹굴하며 편하게 누워만 있는 상황, 즉 스트레스를 받지 않는 상황은 뇌의 각성수준에 어떤 영향을 미칠까요? 스트레스는 덜 발생하고 의식을 맑게 하는 호르몬도 적게 분비될 겁니다. 온종일 집에서

뒹굴뒹굴해본 사람이라면 그날 내내 머리가 띵하고 흐리멍덩한 상태를 경험해봤을 텐데요. 바로 그 이유가 편한 상태를 유지함으로써 낮은 수준의 각성상태에 빠졌기 때문입니다. 이처럼 낮은 수준의 각성상태가 지속되면 주의집중력이 낮아지고 작업이 조금만 어렵고 복잡해져도 지나치게 힘들어하고 동기도 낮아집니다. 노력을 하고 싶어도 할 수 없는 상태가 되지요. 아니, 그 어떤 것도 하고 싶은 생각조차 나지 않게 된다고 하는 것이 더 정확하겠네요.

'미라클 모닝' 하면
반드시 성공할 수 있을까?

『미라클 모닝』,『타이탄의 도구들』 등 자기 계발 베스트셀러에서 거듭 강조하는 주제가 있습니다. 바로 '아침에 시간을 투자하면 인생이 바뀐다'입니다. 실제로 이름만 들으면 누구나 알 법한 성공한 사람들의 아침을 추적하고 연구해보니 그들은 매일 아침, 최소 5분에서 60분 정도를 투자했다고 합니다.

그렇다면 성공한 사람들이 매일 아침 한 시간을 투자해 한 행동은 무엇일까요? 그건 생각보다 아주 간단했습니다. 그냥 잠에서 깨어나 그 즉시 잠자리를 정리하고 샤워를 한 사람도 있었고, 간단히 잠자리를 정리한 후에 오늘 할 일을 떠올리며 명상을 한 사람, 신문을 읽고 운동을 했다는 사람도 있었습니다.

간단해 보이지만 이러한 아침 루틴은 온몸에 활력을 불어넣고 각성수준을 높여주며, 더 나아가 도파민의 경로까지 바꿔버립니다. 우리가 계획이나 노력을 망치게 되는 가장 큰 이유는 주변 환경에 충동적으로 반응하는 것, 즉 통제되지 않은 충동성 때문입니다. 그런데 아침에 일어나 무엇이든 곧바로 행동하면 도파민이 전전두피질로 향하게 되고 그로 인해 전전두엽의 자기 통제력이 높아집니다. 덕분에 충동적으로 할 일을 미루거나 계획에 없던 행동을 하는 것을 억제할 수 있지요. 그래서 아침에 일어나 바로 행동하는 사람과 그렇지 않은 사람은 분명 큰 차이가 있으며, 이 하루하루가 꾸준히 쌓여간다면 인생의 성공과 실패에도 충분히 지대한 영향을 미칠 수 있다는 겁니다.

그럼 우리는 얼마나 일찍 일어나야 하며 또 어떤 행동을 해야 더 큰 효과를 얻을 수 있을까요? 중요한 것은 아침에 일어나 '곧바로' 행동해야 한다는 것, 그리고 그 행동이 통제감을 주는 것이어야 한다는 점입니다. 여기서 통제감을 주는 행동이란 정리 정돈이나 운동, 샤워 같은 것들이 대표적입니다. 그중에서도 청소나 설거지와 같은 정리 정돈은 주변 환경이 긍정적으로 변화하는 것을 눈으로 확인하는 과정에서 더 강력한 통제감을 느낄 수 있게 합니다.

앞에서도 이야기했듯 우리가 중독의 사슬을 끊어내거나 각성이 필요할 때 몸을 움직이는 것이 도움이 됩니다. 이 움직임이 각성수준을 높여 동기로 연결되려면 통제감을 주는 것들을 하는 것이 좋다고도 했지요. 왜 그럴까요?

일단 움직이면 근육에 움직임이 생기지요. 그리고 그로 인해 열과 땀이 나는데 이 신호가 뇌섬엽이라는 곳에 전달됩니다. 뇌섬엽은 뇌 안쪽에 위치하며, 전전두피질을 비롯한 시상하부 등에 연결되어 있습니다. 즉, 우리가 몸을 움직이면 이 움직임이 뇌섬엽을 거쳐 생각하는 뇌, 전전두엽에 자극을 주는 겁니다.

전전두엽이 자극을 받으면 '나'라는 사람에 대해 생각하는 자의식을 갖게 됩니다. 실제 우울증에 걸린 사람들은 자아 상실을 경험하곤 하는데, 그들의 뇌를 살펴보면 오른쪽 앞 뇌섬엽 부근이 과활성화된 경우가 많습니다. 그렇게 되면 전전두엽과 뇌섬엽 간의 연결이 끊어지게 되고, 현실적인 생각보다 비현실적이고 추상적인 고민에 빠지게 됩니다. 전전두엽의 합리적이고 현실적, 이성적으로 생각하는 능력이 사라져 자의식에 문제가 생기는 거예요.

우리가 목표를 세우고 그에 맞게 움직이다 보면 자연스럽게 그 능력을 담당하고 있는 전전두엽에 활력이 생깁니다. 더불어 나에 대한 생각, 자아 정체감과 통제감이 높아지지요. 내가 우뚝 서는 겁니다. 내가 있어야 통제든 뭐든 할 수 있는 힘이 생기는 거니까요.

● 아주 작은 행동이 당신의 미래를 바꾼다

각성수준을 높이는 이런 행동들을 저는 '행동연쇄'라고 부르는데, 이는 행동이 행동을 불러온다는 뜻입니다. 이런 행동연쇄를 이용한다면 무기력에서도 벗어나고, 높은 수준의 각성상태를 유지해 어떤 일이든 노력할 수 있게 됩니다.

직업 특성상 낮에는 잠을 자고 밤이나 오후에 일어나서 행동해야 하는 사람들은 어떻게 해야 하냐고 질문할 수 있습니다. 대답은 아주 간단합니다. 일어나자마자 바로 행동하세요. 그 시간대에 맞는 일과를 만들면 됩니다. 꼭 아침이라서 잠자리를 정리하고 씻고 옷을 입는 것이 아니라, 오후나 밤에 일어났더라도 그대로 누워만 있지 말고 곧바로 일어나 움직이면 됩니다. 물론 아침 시간이 생체리듬과 더불어 더 좋은 효과를 얻을 수 있는 건 사실이지만, 그렇지 않더라도 뇌는 충분히 환경에 적응할 수 있으며 노력을 위한 준비는 언제든 할 수 있습니다.

그런데 아침에 일찍 일어나 바쁘게 지내다 보면 또 다른 문제에 부딪힐 수 있습니다. 상쾌한 기분이 들고 각성수준을 높이는 건 좋았지만 얼마 지나지 않아 금방 피곤해진다는 점입니다. 아침의 행동들을 적용하고 실행으로 옮긴 지 그리 오래되지 않았다면 아직 뇌는 이 생활 리듬에 익숙하지 않아 피곤이 몰려올 수 있습니다. 또는 체력이 부족해서일 수도 있지요. 이럴 때는 무리하지 말고 30분 미만의 낮잠 시간을 두는 등 짧게나마 피로를 해소하는 것이 좋습니다. 더 나아가 장기적으로는 체력을 키울 운동시간을 확보하면 더욱 좋고요.

그런데 낮잠은 왜 30분 미만이어야 할까요? 수면의 단계 중 깊은 잠에 해당하는 3~4단계의 잠으로 넘어가지 않으려면 30분 미만이 적당하기 때문입니다. 깊은 잠에 빠지게 되면 뇌의 각성수준이 너무 낮아지게 되고 그럼 일어나는 데 어려움을 겪습니다. 잠에서 깨어나더라도 한참 동안 정신을 차리기가 어렵고, 힘들게 정신을 차린다고 하더라도 공부할 수준의 집중력을 얻기 위해 더 많은 시간이 걸립니다.

노력은 거창하고 어려운 것이 아닙니다. 아침에 일찍 일어나 씻는 아주 작은 행동이 다음 행동들에 영향을 주고, 후에는 무려 10시간 동안 공부하는 어려운 행동까지 해내게 해줍니다. 작은 눈덩이를 굴리면 점점 커져 엄청나게 큰 눈덩이가 되듯이, 우리의 노력도 사소한 것에서 시작해 큰 행동으로 이어질 수 있습니다.

코미디언 유재석이 이런 말을 했었지요.

"야, 스타는 아무나 되는 줄 아냐? 그런데 그 스타가 네가 되지 말란 법은 없어."

성공하고 위대한 사람이 되는 건 아무나 할 수 없습니다. 하지만 여러분이라고 해서 위대한 사람이 될 수 없는 것은 아닙니다. 지금 당장 일어나 아주 작은 행동부터 시작해보세요.

● 저절로 노력하게 만드는 습관의 힘

아무리 좋은 방법과 전략이 있고 원리를 이해했다 하더라도 그것을 매일 성실하게 해나가는 것은 상당히 어려운 일입니다. 다행히도 우리 뇌는 이런 상황에 대비해 나름의 방편을 만들어냈는데, 바로 반복되는 일과와 루틴입니다. 매일 아침 신문 읽기, 스트레칭하기와 같이 똑같은 일과를 매일, 그것도 몇 십 년 동안 반복하는 성실한 사람들이 있습니다. 어떻게 그들은 그 귀찮은 일들을 오랜 세월 동안 반복할 수 있었을까요? '계속하다 보니 습관이 들어서 그렇지'라고 대수롭지 않게 이야기하는데 이는 뇌과학적으로 충분히 납득할 만한 사실입니다.

소뇌는 우리의 행동을 자동화하는 역할을 합니다. 처음 운전할 때를 떠올려보세요. 초보 시절에는 참 여러 가지가 신경 쓰이고 어렵지만, 운전 경력이 쌓이다 보면 손과 발이 거의 자동으로 움직이며 운전하게 됩니다. 몇 시간이 넘는 거리를 운전하더라도 신경이 덜 쓰이며 덜 피곤해하지요. 거의 무의식 상태로 본능에 의존해 운전하는 경우도 있습니다.

우리 뇌는 익숙하지 않은 일을 할 때 전전두엽을 많이 활용합니다. 특히 공부와 같은 복잡한 일을 해내기 위해서는 전전두엽의 능력인 '작업기억'을 사용하는데, 이 작업기억은 공부할 때 쓰는 작은 책상과 같아서 일시적으로 기억할 수 있는 양이 한정적입니다. 그래서 이해나 기억과 같은 수준 높은 인지능력을 사용할 때는 제한된 실력을 발휘할 수밖에 없습니다.

그런데 다행히도 우리 뇌는 배측 선조체라는 아주 유용한 보조 책상을 만들어뒀습니다. 특정 기억이나 기술을 자주 사용해 익숙해지면 뇌 중심부에 위치한 선조체에 저장됩니다. 이 기억들은 작업기억이라는 책상 위 공간을 사용하지 않아도 필요할 때마다 바로 꺼내서 사용할 수 있습니다. 마치 다른 기억 저장소에서 정보를 꺼내오는 것처럼 말입니다. 따라서 행동이나 기술 등을 습관으로 만들면 특별히 주의를 기울여 집중하지 않아도 그 기술이나 기억을 편안하게 사용할 수 있게 되고, 더 복잡한 일을 수행하는 데도 큰 어려움이 없어집니다. 이렇듯 각성수준을 높이는 행동연쇄 과정을 반복하다 보면 이 피곤한 과정이 자동화되어 자연스러운 습관이 됩니다.

반복되는 일과가 많아질수록 우리 뇌는 안정감을 느낍니다. 충분히 예측 가능한 행동들 덕분에 예측할 수 없는 미래에 대한 막연한 두려움은 줄어들고, 일상의 행복감은 늘어납니다. 이는 '행복 호르몬'이라 불리는 세로토닌의 영향이 큽니다. 세로토닌은 매일 반복되는 일과나 일상에서 큰 행복감을 느끼기 때문입니다. 또한 그 행복감은 시간이 지날수록 점점 더 강해져서 일상이나 평범한 일과에 스며들어 우리를 더 행복하게 해주지요.

그러니 우리도 공부하면서 '아, 남들은 즐거운데 나만 불행해'라고 생각하기보다 아침에 일어나 준비하고 공부 장소로 가는 그 길과 평범한 일상에 의미를 둔다면 힘들게만 느껴졌던 일과가 행복으로 다가올 것입니다.

공부의 능률을 높이는
스트레스의 조건

'자리가 사람을 만든다'라는 말이 있습니다. 평범했던 학생에게 어쩌다 학급 반장의 임무가 주어지면 저절로 그 역할에 맞는 모범적인 행동을 하게 됩니다. 이 또한 뇌가 각성한 덕분이라고 할 수 있습니다. 적절하게 높아진 각성수준으로 어떤 일이나 행동, 계획 등을 추진하게 하는 의지력과 노력 수준이 높아진 것입니다.

이쯤에서 이런 생각이 들지 모르겠습니다.

'만약 뇌의 각성수준을 최대로 높인다면 어떨까? 노력 수준이나 집중력이 더 강해져 최상의 결과가 나오지 않을까?'

이에 대한 답은 '그렇지 않다'입니다. 과거에도 여러분과 비슷한 의문을 품었던 학자들이 있습니다. 바로 미국의 심리학자 로버트 여키스Robert Yerkes 박사와 그의 제자 존 도슨John Dodson 박사입니다. 그들은 각성수준과 수행능력의 연관성을 연구하여 1908년, 자신들의 이름을 딴 '여키스-도슨 법칙'을 발표했습니다.

◆ **여키스-도슨 법칙**

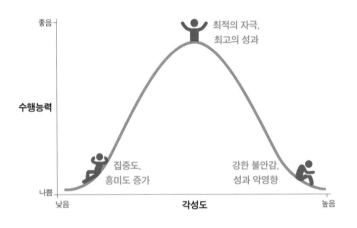

여키스-도슨 법칙은 인간의 각성상태와 과제 수행능력 사이에 역 U자 형태 관계가 성립한다는 이론입니다. 일정 수준까지

는 스트레스나 각성도가 높을수록 수행능력이 좋아지지만 그 수준을 초과하면 오히려 일의 능률이 떨어지는 경향을 보입니다. 그래프를 보면 각성도가 낮은 상태(예: 편히 누워 쉬는 상태)에서는 일의 수행능력이 떨어지고, 적절한 스트레스와 긴장감을 느끼는 상태(예: 발표 과제를 준비하는 상태)에서는 일의 능률이 높아집니다. 여키스-도슨 법칙이 밝혀낸 바가 노력의 메커니즘과 어느 정도 맞아떨어지는 것을 확인할 수 있습니다.

반면 지나치게 높은 스트레스로 각성수준이 비정상적으로 높아지면 그래프의 오른쪽 하단처럼 오히려 일의 능률이 현저히 떨어지는 것을 알 수 있습니다. 수험생들에게서 가장 흔히 볼 수 있는 시험 불안이 바로 이런 경우에 해당합니다. 시험을 잘 봐야 한다는 막연한 기대가 지나친 불안으로 나타나면 문제에 전혀 집중할 수 없게 돼 제 실력을 발휘하지 못하지요.

종합해보면, 공부나 일 등 어렵고 복잡한 일을 수행할 때는 가장 능률을 높이는 최적의 스트레스와 각성수준이 존재합니다. 따라서 제대로 노력해서 성과를 높이고 싶다면 자신의 각성수준을 적절하게 조절할 줄 알아야 합니다. 지금부터 그 방법을 살펴보겠습니다.

공부하기 딱 좋은 뇌를 만들어라

먼저 현재 나의 각성상태와 그 수준을 정확히 파악할 필요가 있습니다. 이때 우리 뇌에서 일어나는 '뇌파'를 이해하면 적절한 각성수준을 이해하는 데 도움이 됩니다.

뇌파란 말 그대로 뇌의 파형으로, 뉴런 즉 뇌 신경세포들 간의 상호작용에 의해 발생하는 전기적 활동입니다. 뇌파는 뇌의 각성수준에 따라 크게 4~5단계로 분류되며 가장 깊은 숙면, 즉 의식이 거의 없고 가장 낮은 수준의 각성상태의 델타파(δ), 잠이 들고 얼마 지나지 않은 시점, 즉 얕은 잠의 상태의 세타파(θ), 깨어 있지만 멍하거나 편한 휴식 상태의 알파파(α), 평소 일이나 공부할 때와 같이 주의집중을 하고 있는 상태, 즉 높은 수준의 각성상태인 베타파(β)가 있습니다. 그리고 마지막으로 지나치게 높은 수준의 각성상태에 있거나 몰입한 경우에 측정되는 감마파(γ)가 있습니다.

뇌파들 중에서 우리가 가장 열심히 노력할 수 있는 최적의 각성수준은 바로 베타파입니다. 물론 감마파에서 강력한 몰입을 경험할 수 있어서 최고의 성과를 낸다고 주장하는 학자도 있지만 몰입은 여전히 학자마다 이견이 있으므로 고도로 각성된 감마파보다 평소 우리가 집중하고 노력할 때 나타나는 베타파가

◆ 뇌파

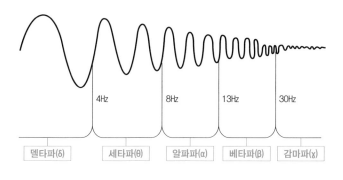

최적의 각성수준과 가장 관련이 깊다고 볼 수 있습니다.

여러분에게 뇌파를 측정하면서 공부하라는 뜻은 아닙니다. 그럴 수도 없고요. 다만 이런 원리를 알고 있다면 공부하다 집중이 어려울 때마다 '지금 각성수준이 지나치게 낮구나!'라고 현 상태를 파악할 수 있습니다. 그리고 '어떤 행동을 해야 각성수준을 높일 수 있을까?'를 고민하게 됩니다.

느린 음악을 들으며 공부하고 있었다면 리듬이 빠른 음악으로 바꾸는 것도 각성수준을 높이는 방법입니다. 잠깐 밖에 나가 걷거나 뛰는 행동으로 각성수준을 높일 수도 있습니다. 이렇게 각성수준을 높이는 행동을 하다 보면 적절히 높아진 각성수준이 유지되어 집중력이 높아집니다.

이와 반대 상황도 있습니다. 앞서 친구와의 다툼이나 과거의 가슴 아픈 사건들이 자꾸 떠오르는 문제에 대해 이야기했지요. 이때는 각성수준이 지나치게 높아진 상태입니다. 템포가 빠르고 강한 음악을 듣기보다 느리고 조용한 음악을 듣거나 자연소리, 백색소음, ASMR 등을 들으며 지나치게 각성된 뇌를 이완할 수 있습니다.

또 앞서 중독을 끊는 방법으로 제안한 것이 여기서도 통합니다. 알아차리기 전략, 즉 지금 내가 왜 마음이 흔들리는지 천천히 들여다보는 것도 공부에 집중하는 상태를 만드는 아주 훌륭한 방법입니다. 이게 곧 '명상'이지요. 핵심은 무조건 내 감정들을 억누르기보다 일단 관찰하는 것입니다. 감정을 관찰하고 그대로 받아들이려 노력한다면, 전전두엽을 활성화해서 이성을 되찾는 데 큰 도움이 됩니다.

이처럼 우리 뇌의 각성상태를 정확하게 파악해 여키스-도슨 법칙에서 말하는 최적의 각성수준으로 조절해나간다면 우리는 저절로 노력할 수 있게 됩니다. 무조건 합격하거나 최고의 성과를 거둘 수 있다고 확신할 수는 없지만, 적어도 최선을 다할 수는 있게 됩니다. 그리고 이런 최선을 자주 경험하다 보면 여러분이 원하는 목표에 가까워질 수밖에 없습니다. 단지 순간적인 감정에 이끌려 '오늘은 기분이 별로여서 아무것도 하기 싫어' 하기보다 내가 어떤 수준의 각성상태인지 파악하고 조절함으로써 좀 더 주체적으로 공부하며 살아갈 수 있을 것입니다.

사오 칼럼 2

추진력을 키우는
집 공부법

최근 우리는 집에서 수업을 듣고 공부하거나 업무를 보는 일
이 많아졌습니다. 그런데 집에서 공부나 일에 집중하기란 쉽
지 않지요. 그 이유는 우리 뇌의 독특한 특징 때문입니다. 뇌
는 확실히 구별되는 것을 좋아하고, 복잡한 것에 상당한 피
로를 느낍니다. 그동안 집이라는 공간은 쉬거나 잠을 자는
휴식공간으로 뇌에 인식되어 있었는데 이제는 집에서도 공
부를 하니 혼란스러운 거지요. 따라서 공부할 수 있는 상황
과 휴식하는 상황을 구별해줄 필요가 있습니다.

일단 집은 너무 편하다는 게 장점이자 문제입니다. 집에
서 공부하면 잠옷이나 편한 옷을 입고 공부하는 경우가 많습

니다. 몸이 편안하니 긴장도와 뇌의 각성수준이 낮아집니다. 한마디로 축 늘어진다는 거지요. 또한 편한 옷을 입으면 집에서 쉬고 있다고 느낍니다. 그러면 우리 뇌는 집에서도 공부할 수 있다는 구별과 단서를 전혀 찾을 수 없겠지요.

그동안 집에서 공부할 때 잠옷 상태 그대로였다면, 한번 외출복으로 갈아입어 보세요. 그러면 똑같은 집이라는 공간에서도 쉼과 공부가 구별됩니다. 너무 불편한 옷을 입으라는 게 아니라 적어도 집에서 축 늘어져 있을 때 입는 옷이 아닌, 밖에 나갈 때 입는 옷으로 갈아입는 겁니다. 이를 통해 우리 뇌는 집에서도 일하거나 공부할 수 있다는 단서를 얻고 각성하게 됩니다.

시간 설정으로 가이드라인을 만드세요

예전부터 집에서 공부해왔고, 자기 통제력이 좋은 수험생이라면 구체적인 지시 없이도 집에서 공부를 잘하겠지만, 그렇지 않은 수험생들이 집에서 공부하기란 너무 힘든 것이 현실입니다.

만약 한 달 안에 제출해야 하는 과제를 받았다고 해봅시다. 그 과제를 당장 오늘부터 준비하는 학생은 과연 얼마나 될까요? 아마도 과제 제출일 막바지에 이르러서야 급하게 과제를 작성할 학생이 훨씬 더 많을 겁니다. 한 달이라는 시간은 너무 여유 있어서 뇌에 아무런 자극을 주지 못하기 때문입니다. 앞서 살펴봤듯 집중력 향상에 도움을 주는 뇌의 노르에피네프린은 어떤 일이 나에게 중요하고, 그것을 하지 않으면 위험이 닥쳐온다고 인식해야 나오니까요.

시간을 어느 정도 제한하여 위기감을 적당히 인지하고 집중력을 높이는 공부 방법에는 앞에서 살펴본 시간제한-시간지연 전략 중 하나인 '타이머 공부법'이 있습니다. 공부에 집중하는 시간과 쉬는 시간을 구체적으로 설정하고 그 시간에 맞춰 공부와 휴식을 번갈아가며 실시하는 방식입니다. 25분 동안 공부에만 몰입하고 5분 동안 쉬고, 또 25분 동안 공부하고 5분 동안 쉬기를 반복하며 공부에 이탈하는 시간을 줄일 수 있습니다. 이렇게 시간을 구체적으로 설정하면 뇌가 공부 시간을 구별할 수 있습니다. 타이머를 사용하는 시간만큼은 어떤 장소에서도 공부 시간임을 인지하게 되지요.

아침을 놓치지 마세요

사실 부지런한 사람들은 계획에서 조금 삐긋해도 다시 중심을 잡고 계획을 실행하는 경우가 많습니다. 그러나 의지력이 약한 사람들은 계획에서 조금만 어긋나도 바로 멈춰버리는 경우가 많지요. 예를 들면, 다이어트를 하던 중 오늘 치킨을 먹었다면 '에잇 모르겠다' 싶어 마구 먹어버리기도 합니다.

공부도 마찬가지입니다. 집에서 공부하려고 했는데 아침부터 계획이 일그러지면 '에이, 이왕 이렇게 된 거 오늘은 쉬자'라고 하면서 그 이후도 망가지기 쉽습니다. 그리고 매일 이런 실패 경험이 쌓이면 집에서 절대 공부가 안 됩니다. 그래서 아침을 놓치면 안 됩니다. 그날의 성공은 일어나자마자 하는 행동이 결정하지요. 아침에 일어나자마자 부지런히 움직이세요. 이불을 정리하고 바로 세수를 하고 청소도 하는 겁니다. 아침의 부지런함이 집에서도 공부할 수 있다는 구별과 단서를 우리 뇌에게 제공한다면 집이라는 좋은 공부 장소를 갖게 될 것입니다.

또한 공부하기 전에 필요한 모든 것을 미리 준비하세요.

집에서 공부하다가 갑자기 배가 고프거나 목이 마르면 우리는 언제든지 부엌으로 가서 냉장고 문을 열고 음식을 먹을 수 있습니다. 화장실에 갔다가 휴대폰을 보며 시간을 보낼 수도 있고요. 그러는 동안 지금까지 쌓아왔던 집중력은 점차 사라집니다. 게다가 이런 행동은 집에서 휴식과 공부의 구별을 흐리게 만듭니다. 그러니 집에서 제대로 공부하고 싶다면 물을 미리 가져다 놓고, 화장실도 미리 다녀오세요. 도서관이나 독서실에서 공부하듯이 미리 모든 것을 챙겨놓고 공부를 시작하는 겁니다.

집중하기 좋은 조건을 만드세요

집중력은 의외로 다양한 환경적, 신체적 요인에 영향을 받습니다. 이 요인들을 파악하고 개선한다면 집중력을 키우는 데 도움이 됩니다. 집중력에 영향을 미치는 네 가지 요인을 살펴봅시다.

첫째, 뇌의 온도를 확인하세요. 공부하다 보면 하품이 나올 때가 있습니다. 이는 이미 집중력이 떨어졌고 잠이 온다는 뜻입니다. 최근 많은 연구에 따르면 하품은 뇌의 온도가 올라가서 그 온도를 낮추기 위한 행동이라고 합니다. 그렇다면 뇌의 온도를 낮춰야 집중력이 살아나겠지요. 지금 공부하는 공간의 온도를 조금 낮춘다거나 잠깐 밖에 나가 머리를 식히고, 찬물로 세수하는 등의 방법이 있습니다. 잠이 올 때는 먼저 주변 온도를 확인해보세요.

둘째, 낮잠은 엄청난 집중력을 선물해줍니다. 낮잠은 하루를 두 번 가지는 것과 같다는 말도 있을 정도입니다. 스페인에서는 '시에스타Siesta'라고 하여 낮잠 시간을 따로 두기도 합니다. 미국 로체스터 연구팀에 따르면 잠을 자는 동안 뇌의 신경세포 간 틈새 공간이 넓어지고, 그 공간을 통해 노폐물이 쉽게 씻겨 나간다고 해요. 며칠 동안 제대로 잠을 자지 못하면 정신이 흐리멍덩해지는 이유가 바로 뇌에 쌓인 노폐물이 청소되지 않았기 때문입니다.

공부하다가 너무 잠이 쏟아지면 10~20분 정도 낮잠을 자는 것을 추천합니다. 물론 그것이 어려운 수험생들도 있을 텐데요. 그럴 때는 단 10분이라도 눈을 감고 편한 자세로 쉬면서 자는 척을 해보세요. 자는 척만 해도 아주 얕은 잠과 같은 효과가 있고, 뇌의 노폐물도 어느 정도 사라진다고 합니다.

셋째, 과도한 당 섭취는 뇌의 집중력을 떨어뜨립니다. 공부하다가 집중력이 떨어지면 당이 떨어졌다고 말하는 사람이 많아요. 그러면서 초콜릿이나 사탕처럼 단맛이 나는 음식을 먹고 다시 공부하지요. 그런데 많은 연구에 따르면 조금은 배고픈 상태가 더 높은 인지능력을 발휘하게 해준다고 합니다. 또한 설탕은 사람의 정서와 집중력을 해친다는 연구 결과도 있지요.

설탕은 산성 물질이어서 설탕이 포함된 음식을 먹으면 산성과 염기성의 평형을 맞추기 위해 몸의 생체 시스템이 가동합니다. 그러면 뼛속의 칼슘이 빠져나와 산성과 염기성의 평형을 맞추는데 이때 우리 뇌에도 칼슘이 부족해집니다. 칼슘은 안정적인 정서에 큰 영향을 미치기 때문에 칼슘이 부족해지면 불안해지거나 충동적으로 변할 수 있습니다.

게다가 설탕은 뇌의 시냅스 형성에도 아주 해로운 영향을 미친다고 알려져 있으니, 수험생에게 결코 좋지 않습니다. 초콜릿이나 사탕과 같은 간식은 너무 배고파서 머리가 어지럽거나 먹을 게 그뿐일 때만 찾아주세요.

넷째, 정리 정돈된 주변 환경은 뇌의 피로감을 낮춰줍니다. 신경과학자 대니얼 레비틴Daniel Levitin은 책 『정리하는 뇌』에서 우리 환경에 자극적인 요소가 너무 많으며, 그 환경을 정리하지 않으면 뇌에는 지속적으로 피로가 쌓인다고 강조합니다. 그중에서도 우리가 생활하거나 일하는 환경, 특히 침대나 책상 주변은 뇌에 큰 영향을 미칩니다.

사실 주변이 더럽고 정리 정돈이 안 되어 있다는 것은 내가 주변 환경을 통제하지 못하고 있다는 증거이고, 정서적으로 어려움이 있는 사람들에게서 흔히 나타나는 현상입니다. 우울증에 걸리거나, 불안이 많은 사람에게서 처음 나타나는 현상이 청소를 안 하는 겁니다.

반대로 생각해보면 주변 환경을 깔끔하게 통제한다면 내의지력도 커질 수 있다는 뜻이 됩니다. 집중력이 떨어지고 공부가 안 된다면 주변 정리나 청소를 통해 뇌는 다시 각성하고, 집중력이 높아진다는 연구 결과도 있지요.

앞서 소개한 책에서는 자신의 생활을 패턴화하고 최대한 구조화하면 뇌가 편안해진다고 말합니다. 물건을 매일 두던 곳에 두거나 매일 공부하기 직전에 책상 주변을 정리하는 등 구체적인 행동을 꾸준히 반복해보세요. 이것이 습관화되면 뇌는 오히려 많은 자극에서 벗어나 하루를 알차게 보냈다는 기분에 더 많은 에너지를 얻게 됩니다.

3장

COGNITION
AWARENESS
FLOW 몰입
MONITORING
STRATEGY
MINDSET
HABITUATION

지치지 않고

오래,

노력을

이어가는 힘

우리는 자신의 감정과 뇌의 각성수준을 스스로
조절할 수 있다는 사실을 깨달았습니다.
그동안 충동적인 감정에 이끌려 행동하고
각성수준에 휘둘려 공부에 기복이 찾아왔었다면,
이제부터는 이를 안정적인 상태로 이끌어
최상의 성과를 낼 수 있도록 스스로 지휘할 차례입니다.
여러분은 더 이상 호르몬이나 뇌 신경전달물질의
노예가 아니라 이들을 조절하고 이용하기까지 하는
리더십 강한 주인입니다. 뇌의 현 상태를
잘 파악하여 각성수준에 맞게 공부하고 행동한다면
지금껏 여러분이 들인 절실한 노력의 가치를 합격으로
바꿔 거머쥘 수 있게 될 겁니다. 이번 장에서는
노력의 질을 최상으로 높이는 방법에 관해 알아봅시다.

할 수 있다는 믿음이
계속 공부하게 한다

보통 우리는 단 몇 시간 또는 며칠 동안 열심히 한 것을 노력이라고 생각하지 않습니다. 최소한 수험생활을 몇 달에서 몇 년 정도는 지속하며 공부에 집중했을 때 열심히 노력했다고 인정해주는 듯합니다. 사실 따지고 보면 단 몇 시간을 온전히 집중하고 노력하는 것도 이뤄내기 어려운 성과인데 말이지요. 중도에 포기하거나 지치지 않고 노력을 지속하려면 어떻게 해야 할까요?

더 오래, 더 열정적으로 노력하고 싶다면 꼭 필요한 것이 있습니다. 그건 바로 '강력한 동기'입니다. 동기가 얼마나 강한지에 따라 행동의 강도와 지속력이 달라집니다. 그래서 동기는 행동의 이유라고도 불립니다. 공부하는 동기가 강할수록 더 몰입해서 더 오래 공부할 수 있습니다. 그렇다면 이제 답은 간단해졌네요. 동기를 높일 수만 있다면 누구나 열심히 그리고 꾸준히 공부할 수 있습니다.

그럼 동기는 어떻게 높일 수 있을까요? 심리학자 앳킨슨Atkinson의 '기대×가치 이론'이라는 게 있습니다. 여기서 말하는 '기대'는 내가 합격할 것이라는 성공에 대한 기대이고, '가치'는 내가 하는 이 공부를 통해 얻을 보상이나 공부 자체의 가치를 뜻합니다. 이 두 요소가 시너지를 일으키는 순간 동기는 엄청나게 높아진다는 것이 이 이론의 핵심입니다.

● 자신의 성공을 의심하면 안 되는 이유

시험을 준비하는 수험생이라면 공부가 내 인생에서 중요한 가치이고, 이것을 잘하면 내가 잘된다는 기대는 이미 갖고 있을 겁니다. 이 책을 읽고 있는 여러분도 마찬가지일 테고요. 많은 수험생이 공부 자극 영상을 찾아보는 행위 역시 공부가 자신에게 얼마나 중요한지 안다는 뜻입니다.

문제는 낮은 기대, '이렇게 열심히 한다고 해서 합격할 수 있을까?'와 같은 생각입니다. 많은 전문가가 수험생들이 공부를 포기하는 이유로 '성공에 대한 낮은 기대'를 꼽습니다. 기대는 왜 이렇게 마음대로 되지 않는 걸까요?

◆ 전전두엽

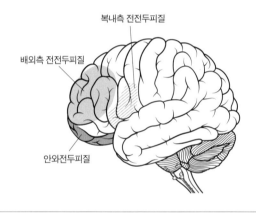

　동기와 관련된 뇌 영역을 살펴보면 전전두엽에서 기대와 가치를 담당하는데, 그중 안와전두피질이 가치를 판단하는 역할을 하고 그 바로 뒤에 위치한 복내측 전전두피질은 기대와 가능성을 관장합니다. 복내측 전전두피질은 감정의 뇌라고 불리

는 변연계와 아주 가깝고 감정의 중추인 편도체와도 연결되어 있지요. 그래서 감정을 조절하지 않으면 기대는 근거 없이 높아지거나 급격히 낮아지는 경향을 보이게 됩니다. 감정의 기복이 심하면 결국 기대는 낮아지는 것이지요.

어떤 학생이 공부를 열심히 하고 있다고 해봅시다. 그런데 다음 날 다시 공부하려고 하니 어제 배운 내용이 잘 기억나지 않았고, 여기에 오늘 배운 새로운 내용이 추가되자 학생은 조금씩 혼돈에 빠지게 됩니다. 이 학생은 그다음 공부를 더 열심히 할 가능성이 줄어들 겁니다. 자신이 뒤처진다고 느끼는 감정과 기분이 부정적인 감정으로 연결되고, 부정적인 감정은 복내측 전전두피질을 자극해 '낮은 기대'를 만들어낼 테니까요.

공부를 쉽게 포기하는 사람들이
놓치고 있는 것

이때 주의할 점은 기대×가치 이론에 '곱하기'가 있다는 점입니다. 이는 기대와 가치가 크면 클수록 동기는 몇 배씩 커지지만, 둘 중 하나라도 작거나 없다면 동기는 그대로이거나 오히려 더 작아질 수도 있다는 뜻입니다.

공무원 시험을 준비하는 연희는 집의 경제적 사정이 넉넉하지 않아 이번 시험의 합격이 그 누구보다 간절했습니다. 그런데 막상 공부를 시작하고 보니 각 과목마다 어휘들이 너무 낯설고 어려웠지요. 내용이 전혀 이해되지 않아 어느새 공부를 조금씩 포기하고 있었습니다. 공부를 시작한 초창기에는 공부가 되든 안 되든 무조건 계획한 공부 시간을 지키려고 무던히 노력했습니다. 하지만 시간이 지날수록 점점 모르는 내용이 쌓이고, 스트레스를 많이 받게 되면서 조금씩 계획을 지키지 않게 되었습니다. 결국 언제부턴가는 일주일에 한두 번 정도만 힘겹게 도서관에 가서 공부하고 평소에는 집에만 머물며 영상을 보거나 SNS를 하며 시간을 보냅니다.

연희가 공부를 열심히 하지 않게 된 이유는 무엇일까요? 단순히 공부할 개념들과 과목들이 어려워서 동기가 사라진 것이 아닙니다. 어려운 개념들과 복잡한 과목들 때문에 내가 이 경쟁에서 합격할 가능성, 즉 성공에 대한 기대가 현저히 낮아졌기에 동기도 함께 낮아진 것이지요. 여전히 연희는 공부가 자신의 인생에서 중요하고 가치 있다고 생각하지만, 이런저런 이유로 성공에 대한 기대가 거의 0으로 떨어진 탓에 동기가 낮아질 수밖에 없었던 겁니다.

여러분이 이런 제안을 받았다고 해봅시다.

"지금부터 6달 동안 매일 도서관에서 하루 5시간씩 공부한다면 시험에 반드시 합격하게 해주겠습니다."

평소 매일 공부하기 힘들어하는 사람일지라도 이 제안만큼은 받아들일 가능성이 큽니다. 적어도 이 책을 읽고 있는 여러분은 이 제안을 받아들일 것입니다. 여러분은 공부에 대한 '가치'를 지니고 있으니까요. 6달이 아니라 1년이라도, 심지어 하루에 10시간이라도 공부하려는 사람이 차고 넘칠 것입니다. 공부하려는 동기가 왜 이렇게 커졌을까요? 이렇게만 하면 합격이 보장된다는 말에 성공에 대한 기대가 커졌기 때문입니다. 만약 이 약속이 거짓이었다고 하더라도 그 시간 동안 공부했다면 합격 확률은 높아질 것입니다. 반면 '난 안 될 거야'라는 생각으로 시험을 준비한다면 매일이 아니라 일주일에 2~3번 겨우 공부할 것이고 투자하는 시간 또한 하루 5시간 미만으로 줄어들 것입니다. 그러면 합격할 확률도 낮아지겠지요.

● 구체적으로 꿈꿀수록 합격에 가까워진다

합격을 기대하지 않는 수험생은 없습니다. 문제는 그 기대가 막연하다는 거지요. 막연하게 '열심히 하면 어떻게든 되겠지' 정도로만 생각하는 사람이 의외로 많습니다. 시험을 준비하고 있지만 공부가 잘 안되고 집중도 어렵다면 은연중에 우리 뇌가 시험에 합격할 확률이 매우 낮다고 스스로 판단했을 가능성이 큽니다. 공부라는 행위가 성공을 가져다준다고 믿지 않는 거지요.

이 또한 뇌가 생존을 위해 추구하는 극한의 효율성 때문입니다. 나라를 효율적으로 운영하려면 예산을 편성해 사용하지요. 마찬가지로 우리 뇌도 우리의 에너지가 쓸데없는 곳에 사용되는 것을 정말 싫어합니다. 기대가 낮은 상황에서 뇌는 당연히 공부에 사용하는 에너지를 아깝게 생각할 것입니다. 조금만 어려운 개념이나 어휘가 연속, 반복해서 나오거나 내용이 조금만 복잡해져도 어차피 더 노력해봐야 극복할 수 없으리라 빠르게 판단해버리고 다른 효율적인 일을 찾으려 합니다. 이는 곧 산만해진다는 뜻입니다.

수험생 커뮤니티에는 '○○대학교 ○○학번 김○○ 오늘도 파이팅!'이라는 형식으로 쓴 글이 자주 올라옵니다. 내가 가고 싶은 학교나 임용될 직급을 써서 이미 합격한 상황을 구체적으로 상상하는 분들이지요. 그런 분들을 보면 어느 정도 성공을 예상하게 됩니다.

성공의 기대가 크면 동기가 클 것이고, 동기가 크면 열심히 노력할 것이며, 열심히 노력하는 사람은 합격할 확률이 더 높아질 테니까요. 그러니 합격할 것이라는, 최대한 구체적이고 확실한 기대를 가지고 공부하시길 바랍니다.

뇌를 움직이게 하는 힘,
결핍

동기는 행동주의 심리학자 스키너Burrhus Frederick Skinner를 빼고 이야기할 수 없습니다. 행동주의 이론에서는 '조작적 조건화'라는 개념이 등장하는데, 우리가 너무나도 잘 알고 있는 '강화와 벌'이 바로 그것입니다. 일상에서 어떤 행동을 함에 따라 칭찬과 보상이 적절하게 주어진다면 더 열심히 하게 되듯 동기는 행동의 결과와 아주 밀접한 관련이 있습니다. 어느 TV 프로그램에서 동물훈련사 강형욱 대표가 일정한 규칙으로 개를 훈련하는 것도 행동주의 이론의 예입니다.

행동주의 이론 외에도 다양한 동기 이론이 있습니다. 그러나 어떤 이론에서든 동기가 생기기 위해 반드시 갖춰야 할 공통적인 조건이 있습니다. 그것은 바로 '결핍'입니다. 강화와 벌 중 강화를 설명할 때 '포만'이라는 개념이 등장합니다. 포만은 말 그대로 음식을 많이 먹어 배가 부른 상태처럼 내게 필요했던 것들이 이미 가득 차서 그것이 더 이상 매력적이지 않은 상태를 말합니다. 배가 부르면 맛있는 음식도 크게 매력적이지 않듯이 포만 상태가 되면 행동을 할 이유인 동기도 그만큼 줄어들게 되는 것이지요. 그래서 박탈의 상태, 즉 결핍의 상태를 유지하는 것이 동기를 만들어내는 선제 조건입니다.

결핍의 상태에서는 우리 뇌도 달라집니다. 프랑스의 보르도 연구진은 쥐에게 그렐린Ghrelin이라는 허기 호르몬을 주사하자 쥐가 더 빨리 미로를 통과했으며 후각능력이 향상했음을 확인했습니다. 약간의 결핍 상태인 배고픔이 지적 능력과 감각기관을 더 향상시켰다는 겁니다.

진화적인 관점에서도 이전 인류는 지금처럼 음식이 풍족하지 않았기 때문에 배고픈 상황에서 더 민첩하고 영리할 필요가 있었습니다. 그래야 사냥에 성공해 생존할 수 있었으니까요. 음식이 풍족한 현재에도 그 본능은 그대로 남아서 작용되고 있습니다. 여전히 우리 뇌는 결핍의 상황에 놓일 때 능력과 행동을 발휘할 의지력이 더 강해집니다.

목표 달성을 위해 결핍을 이용하라

　결핍은 보상의 가치도 더 높여줍니다. 방학이 두 달 이상인 대학생과 보충수업 때문에 방학이 일주일밖에 안 되는 고등학교 3학년 학생이 있다고 생각해봅시다. 이 둘에게 똑같이 일주일간 더 쉴 수 있는 보상을 준다면 두 사람에게 일주일의 가치는 전혀 다를 것입니다. 대학생들은 이미 두 달 이상인 방학에 일주일 더해지는 거라 특별하게 여기지 않을 것이고, 고3 수험생은 방학이 두 배로 늘어났으니 하루하루 소중하고 알차게 보내게 되겠지요. 이처럼 결핍의 상황은 보상을 더 가치 있게 만들고, 가치 있는 보상은 더 매력적이므로 행동할 동기가 더 커집니다.

　그렇다면 무조건 많이 결핍된 상황이 좋을까요? 그렇지 않습니다. 지나친 결핍은 오히려 해가 됩니다. 목표를 지나치게 높였을 때, 즉 성공의 가능성이 희박해지면 더 열심히 일하기보다는 하던 일을 포기하게 됩니다. 예를 들어, 매주 한 번의 보상을 주는 패턴에서 한 달에 한 번씩 보상을 주는 패턴으로 목표를 크게 바꾼다면 당장 하던 일조차 포기하게 될 수 있습니다.

　반대로 결핍이 없고 풍족한 삶을 산다면 우리에게는 그 어떤 동기도 생기긴 어려울 겁니다. 특히 이루고 싶은 목표가 있다면 결핍은 선택이 아니라 필수입니다. 늘 만족된 삶이 행복해 보일 수 있지만 사막을 걷다 만난 오아시스가 어느 때의 물보다 더 큰 기쁨이 되듯이 결핍은 우리에게 노력이 얼마나 값진 것인지 깨닫게 하고, 행복하게 만들어줍니다.

공부 때문에 할 수 없는 게 많았던 고3 시절, 자유를 박탈당했던 군 복무 시절, 해결하기 어려웠던 리포트나 프로젝트 등 주어진 환경에서 열심히 일하고 노력해야 했던 모든 시간은 결핍의 상황입니다. 하지만 지금 생각해보면 그때의 결핍된 경험들이 우리의 자산이 되었고, 더 어려운 일도 극복할 수 있는 능력을 선물했습니다. 결핍의 상황에서 열심히 노력하면서 우리는 더 강인해진 것입니다.

지금 여러분의 수고와 노력을 너무 한탄하기보다는 이 노력이 이후의 삶에 더 값진 행복을 선물해준다고 생각하면 어떨까요? 오늘의 고생이 있기에 집에 돌아가는 발걸음이 더 가볍고 다가오는 주말이 더 기쁘게 느껴지듯이 결핍을 잘 활용한다면 삶의 질은 한층 더 좋아질 것입니다.

일등이 더 열심히
노력하는 이유

저는 학교 다닐 때 공부 잘하는 친구들을 보면서 참 궁금했습니다.

'이미 공부를 잘하는데 왜 저렇게 간절하게 열심히 공부하는 거지?'

여러분도 주변에 공부 잘하는 사람들이나 성공한 사람들을 보면 이미 나보다 더 간절하고 더 열정적으로 노력하고 있는 것 같지 않나요? 사실 그 사람보다 공부를 못하는 내가 더 간절해야 하는데 말입니다. 이 차이는 대체 어디서 오는 걸까요?

그것은 바로 '경험'에서 옵니다. 공부 잘하는 학생은 공부를 열심히 한 크고 작은 경험이 많이 있는 반면, 평범한 학생은 그런 경험이 많지 않기 때문이지요. 그럼 왜 그렇게 경험이 중요할까요?

A와 B라는 두 사람이 있습니다. A는 에어컨을 단 한 번도 경험해본 적 없지만 B는 에어컨 없이는 여름을 견디기 힘든 사람이지요. 날이 푹푹 찌는 더운 여름에 제가 두 사람에게 한 가지 제안을 합니다. 10시간을 공부한 사람에게는 에어컨이 있는 방으로 안내하고, 10시간을 못 채우면 선풍기만 있는 방으로 안내하겠다고요. 자, 그럼 이 두 사람 중에 어떤 사람이 10시간을 채우려고 더 열심히 노력할까요? 에어컨을 한 번도 경험해본 적 없는 A일까요, 아니면 여름마다 에어컨을 달고 사는 B일까요?

너무나도 당연히 에어컨을 경험해본 B가 더 필사적일 것입니다. B는 선풍기와 비교조차 할 수 없는 에어컨의 시원함을 이미 경험했기 때문입니다. 물론 A도 에어컨이 좋다는 건 간접적으로 들어서 알고 있을 겁니다. 하지만 에어컨을 직접 경험해본 적이 없고 지금까지 선풍기로 충분히 잘 지내왔기 때문에 반드시 에어컨이 필요하다고는 생각하지 않을 것입니다.

에어컨을 경험해본 B는 공부 잘하는 학생과 같습니다. 공부를 잘해봤고 그것이 자신에게 얼마나 도움이 되고 좋은 일인지 이미 경험으로 알고 있지요. 그래서 그 좋은 것을 놓치기 싫은 마음에 더 열심히 공부하게 됩니다. 이들에게 합격이란 막연한 희망이 아니라 내가 조금만 더 노력하면 얼마든지 얻을 수 있는 실제적인 기대입니다.

반면 에어컨을 경험해본 적이 없는 A는 공부에 흥미가 없는 학생과 같습니다. 이 학생은 아직 공부를 열심히 해본 경험이 없고 공부를 잘해본 적도 없습니다. 공부를 잘하면 좋을 것 같다는 막연한 기대만 가지고 있어요. 공부의 가치와 이점을 알지 못하기에 공부를 잘하려고 필사적으로 노력하지는 않습니다.

● 더 어려운 도전을 가능하게 하는 열쇠

이처럼 경험은 기대의 범위를 넓혀주고 새로운 사고를 도우며, 더 힘든 일에도 노력하게 하는 힘이 됩니다. 어렵게 어떤 일을 수행하고 뭔가를 해내면 성취감을 느끼지요. 성취감이라는 감정도 쾌감이고 이때도 도파민이 나옵니다. 정말 열심히 공부해서 원하던 시험에 합격해본 사람이라면 알 겁니다. 그때의 짜릿한 성취감과 기쁨, 쾌감 또한 중독이 된다는 사실을요. 착한 중독이지요.

어렵게 어떤 일을 성취한 사람은 점점 난이도를 높여 도전하게 됩니다. 쉬운 예로 운동이 있습니다. 멋진 몸을 만들자는 목표를 이루기 위한 노력이지만 운동하는 과정 자체는 꽤 고통스럽지요. 그런데 하다 보면 쾌감이 느껴져서 점점 더 운동량을 늘이고 중량을 늘이게 돼요. 등산도 마찬가지입니다. 산악인들은 더 높고 더 험한 산을 오르고 또 오릅니다. '어차피 내려올 산을 왜 그렇게 힘들게 오르나'라고 생각하는 사람도 있지만 그 쾌감은 겪어보지 않으면 모르는 것이거든요. 이처럼 도파민을 어떻게 사용하느냐에 따라 우리는 게임에 중독될 수도 있고, 더 어려운 일에도 도전하는 사람이 될 수도 있는 겁니다.

지금 공부를 10시간 넘게 꾸준히 하는 수험생들은 하루아침에 갑자기 그렇게 된 것이 아닙니다. 그 앞에 1시간을 공부한 경험이 있었고, 그 성공의 경험으로 4시간 동안 공부했으며 4시간을 공부했던 경험이 쌓이고 쌓여, 10시간이 넘도록 공부할 수 있게 된 것입니다. 그래서 수많은 교육학자나 심리학자가 작고 어설프더라도 성공에 대한 경험이 정말 중요하다고 입을 모아 이야기하는 것입니다. 작은 성공을 경험하게 되면 우리의 생각과 의지는 더 깊어지고, 이후에 더 어려운 일도 해나갈 수 있게 됩니다.

어쩌면 작은 성공 경험이라고 말하는 1시간조차 공부하기 어려운 사람도 있을 겁니다. 그렇다면 더 작은 목표로 나누면 될

일입니다. 목표를 좀 더 낮춰서 15분 공부하기부터 차근차근 도전해보세요. 처음에는 어설프고 불완전하더라도 끝까지 노력해보는 경험이 정말 중요합니다. 포기하지 않고 끝까지 도전한 경험이 성공에 대한 기대를 높여주기 때문입니다. 현재 내 의지력에 맞게 목표를 잘게 나누고, 작은 목표를 하나하나 성공해나가다 보면 그 경험이 모여 더 어려운 목표와 노력을 수행할수 있게 이끌어줄 것입니다.

고도의 집중력 발휘를 위한 필기 전략

필기를 하면서 시간 가는지 모를 정도로 집중했던 경험이 한 번쯤 있을 겁니다. 저는 필기를 하면서 여러 번 몰입을 경험했고, 많은 수험생도 저와 비슷한 경험을 이야기합니다. 대체 어떻게 필기같이 단순한 행동이 고도의 집중력이라 불리는 몰입에 이르게 하는 걸까요?

우선 손은 뇌와 아주 밀접한 관계가 있습니다. 운동, 감각, 언어, 기억과 관련 있는 뇌의 중추신경 중 30%가 손과 관련 있지요. 그만큼 손을 사용하고 자극하는 행동이 뇌 활성화에 큰 도움이 됩니다. 또한 필기할 때는 자연스럽게 손과 눈의 협응이 일어나서 두 부위를 담당하는 뇌 영역이 동시에 활성화됩니다. 게다가 글을 읽고 이해하며 정리, 요약하는 작업도 이루어지기 때문에 언어와 관련된 뇌 영역인 전두엽도 활성화됩니다. 이처럼 필기하는 행위는 뇌의 다양한 영역을 활성화하며 더 나아가 고도의 집중력을 끌어올립니다.

옮겨 적고 요약해보세요

지금 내가 공부하거나 읽은 책의 내용을 필기하며 요약해보세요. 우리에게 들어온 지식을 그대로 다시 옮겨 적기보다, 내가 읽고 이해한 내용을 나에게 맞게 재구성한다면 사고력은 물론 집중력까지 깊어집니다. 이런 경험이 계속 쌓이면 몰입에 이르는 과정이 점점 더 쉬워지지요.

필기를 하면 정서적인 안정을 얻을 수 있어 집중에 방해되는 불안과 잡념이 사라집니다. 앞서 필기를 통해 전두엽이 활성화된다고 했는데요. 전두엽은 언어와 운동은 물론, 감정을 조절하는 능력도 담당하기에 필기하면서 전두엽이 활성화되면 감정을 적절히 조절하는 자기 통제력 또한 커집니다.

우리 뇌는 동시에 여러 가지를 집중하기 어려워하는 특성이 있어서 특정 과제에 집중하고 몰입하다 보면 자연스럽게 다른 불안과 잡생각들은 잊힙니다. 봉준호 감독도 어느 인터뷰에서 불안한 마음이 들 때는 스토리보드를 직접 그리고 쓰면서 그 불안을 날려버린다고 하더군요. 이처럼 필기는 잡생각을 없애고, 특정 과제에 몰입할 수 있게 해줍니다.

불안해서 공부가 안된다면 필기를 사용하세요. 불안하고 우울하며 두려운 마음 때문에 공부에 집중이 안 될 때, 이제까지 배운 학습 교재나 읽었던 책의 내용을 정리하며 필기하는 행동이 복잡한 감정에서 벗어나는 데 큰 도움이 됩니다.

더욱 큰 몰입을 선물하는 필기법

손으로 하는 필기와 키보드의 타이핑, 둘 중 어떤 것이 더 효과적일까요? 이에 대한 수많은 연구가 있었지만 그 결과는 아주 상이했습니다. 타이핑이 더 좋은 학습효과가 있다고 발표한 연구도 있었고, 펜으로 직접 작성한 필기가 훨씬 더 좋은 효과가 있다고 발표한 연구도 있었지요.

그러나 이들 연구의 공통된 주장은 필기든 타이핑이든 그 방법이 중요하다는 점이었습니다. 내용을 그대로 옮기기만 한다면 그 방법이 필기든 타이핑이든 별 효과가 없지만, 옮겨 적을 내용을 내가 직접 이해하고 요약한 다음 필기하거나 타이핑한다면 집중력이 크게 향상되고 몰입에 빠질 가능성이 더 크다는 것입니다.

이런 필기 경험과 가장 비슷한 공부법이 있습니다. 서브노트와 단권화 노트, 메모지 요약법 등과 같이 공부한 내용을 요약해서 정리하는 공부법들이지요. 또한 기출 문제를 분석하고 정리하는 공부법도 집중력을 높이는 필기 전략에 해당합니다. 이렇게 우리가 이해한 것을 글로 표현하는 필기는 우리 뇌를 각성시키고, 각성된 뇌는 맑은 의식을 선물해주며 맑아진 의식과 강력한 집중력은 우리를 몰입으로 이끌어줍니다.

공부를 처음 시작하는 수험생이라면, 공부를 제대로 해본 적 없거나 집중력이 부족해 의자에 오래 앉아 있기 어려운 수험생이라면 필기하기가 그 무엇보다 더 효과적인 공부법입니다. 아직 요약하고 정리하는 과정이 어렵다면 단순히 핵심어만 옮겨 적는 필기만으로도 집중력을 조금씩 높여가기에 충분합니다. 또한 한 자리에 앉아 필기에 집중하는 연습을 하면 점점 더 오랜 시간 공부할 수 있게 됩니다.

하지만 그런 경우가 아니라면 단순히 옮겨 적기만 하는 공부법은 지양해야 합니다. 단순히 옮겨 적는 것에 집중한다면 옮겨 적는 그 작업에 집중할 수는 있지만, 사고력과 이해력, 암기력에는 큰 영향이 없기 때문이지요. 또 필기하는 것에 너무 몰입한 나머지 시간을 너무 지체하는 것도 조심해야 합니다. 공부를 처음 하는 수험생에게는 의미 있지만 시험이 얼마 남지 않은 수험생이라면 필기만으로 시간을 보내기에는 너무 아깝기 때문이지요. 내 상황에 맞춰 필기 전략을 적절히 활용하는 게 가장 좋습니다.

4장

COGNITION
AWARENESS
FLOW
MONITORING 점검
STRATEGY
MINDSET
HABITUATION

IQ, 재능,
환경을
뛰어넘는
성공의 비결

어느 수험생이 이렇게 한탄하더군요.
'공부도 재능인데, 저는 재능이 없어요.'
사실 이건 교육계에서 오랫동안 논란이 되고 있는
주제이기도 합니다. 공부를 잘하려면 타고나야 한다는
주장이 있는가 하면 후천적으로 얼마든지
극복할 수 있다는 주장도 있습니다. 솔직히 말하면,
공부하기에 좋은 기억력이나 인내심과 같은 재능을
가지고 태어난 사람이 있는 건 사실입니다.
인정할 것은 인정해야지요. 하지만 타고난 재능이 정말로
모든 것을 결정하냐고 묻는다면, 그 말에는
절대 동의할 수 없습니다. 그런 생각은
우리 뇌의 특성을 전혀 모르고 있다는 뜻이니까요.

결국엔 합격하는
사람들의 공통점

저는 매일 합격 수기를 찾아 읽습니다. 합격 수기를 읽다 보면 늘 공통되는 부분을 발견합니다. 합격자들이 하나같이 자기 자신을 아주 잘 파악하고 있다는 겁니다. 예를 들어, 어떤 합격자는 다들 아침에 머리가 잘 돌아간다는 말을 하니까 자신도 새벽 일찍 일어나 공부하기로 했어요. 그런데 막상 일찍 일어나서 공부해보니 오전 내내 졸기만 하더랍니다. 머지않아 무조건 일찍 일어나는 게 본인에게 잘 맞지 않고 자신은 오히려 저녁에 공부가 더 잘된다는 것을 깨달았습니다. 그래서 며칠 동안 기상 시간을 조정하며 자신에게 가장 효율적인 기상 시간을 찾았다는 겁니다.

반면 공부를 못하는 학생은 이렇습니다. 아침잠이 많은 A는 좋아하는 강사의 말대로 새벽에 일어나 공부해야겠다고 마음먹었습니다. 그리고 실제로 새벽 5시에 일어나 공부를 시작했지요. 공부는 잘되었을까요? 온종일 멍한 상태가 지속되어 결국 공부를 망치게 되었습니다. 그래도 아침 일찍 일어나는 게 좋다고 하니 며칠 동안 계속 꾸역꾸역 일어났어요. 책상 앞에 앉아 있어도 공부가 제대로 될 리 없습니다. 결국 생활 리듬이 깨졌고 공부 효율은 떨어져만 갔습니다. 자신에게 맞지 않는 방식을 무리하게 적용한 탓입니다.

공부하다 보면 주변에서 여러 조언을 듣게 됩니다. 물론 유익한 조언도 있지만 자신을 잘 알지 못하고 남의 말만 듣게 되면 이리저리 흔들리며 방황하게 됩니다. 시험까지 시간이 많이 남은 상황에서는 이런 시행착오가 자신에 대해 알게 되는 좋은 계기가 될 수도 있겠지요. 그러나 시간이 없는 수험생에게는 뼈아픈 결과로 다가옵니다.

흔들리지 않고 중심을 잘 잡으려면 자신을 끊임없이 점검하고 평가하는 습관을 들여야 합니다. 그러면 적어도 자신의 실력을 객관적으로 파악할 수 있게 되고, 그 데이터를 바탕으로 나에게 맞는 계획을 세울 수 있습니다. 이것이 바로 '메타인지_{Meta}

認知'입니다. 자기 성찰 능력, 즉 자신이 무엇을 알고 모르는지 깨닫는 능력이지요.

메타인지는 전전두엽에서 담당하는 능력으로, 성적에 큰 영향을 미치는 또 하나의 요인입니다. 우리는 어떤 행동을 한 다음, 그 결과가 내 기대와 다르면 성찰을 통해 틀린 점을 바로 잡습니다. 자신의 행동을 스스로 성찰하고 점검하는 경험을 자주 할수록 전전두엽은 질적으로 성장하게 됩니다.

실제로 FMRI라는 삼차원 영상으로 뇌를 촬영해보니, 메타인지 능력의 사용 여부에 따라 전전두엽의 피질 두께와 전체적인 부피에 차이가 있었습니다. 자기 지식을 통한 자기 관리 등 메타인지 능력을 많이 사용한 사람들은 전전두엽 부위의 회백질 용량이 일반인보다 컸고, 반대로 심각한 약물 중독에 빠진 사람들의 회백질 용량은 일반인보다 감소했습니다.

우리가 어떤 음식을 먹느냐에 따라 몸이 조금씩 영향을 받듯, 우리 뇌도 어떤 경험을 하느냐에 따라 변화합니다. 그래서 고대 철학자들은 우리 정신과 뇌가 마치 근육과 같다고 이야기했지요. 저도 그 말에 동의합니다. 자신을 끊임없이 점검하고 평가하는 습관은 자연스럽게 메타인지를 활성화합니다.

● 실력을 100% 발휘하는 방법

저는 임용고시의 서술형과 논술형 시험을 준비하면서 큰 어려움을 겪은 적이 있습니다. 개념을 이해하고 암기하며 시험 직전까지 열심히 노력했지만 결과는 좋지 않았습니다. 이 정도면 합격하리라 생각했지만 실력이 좀처럼 늘지 않아 그 원인을 찾고자 계속 고민했습니다. 그 결과, 저는 다른 학생들에 비해 글을 쓰는 속도가 느렸고 심지어 글을 읽고 이해하는 속도도 느리다는 것을 깨달았습니다. 그러니 당연히 시험 때 시간이 모자라고, 제 실력을 발휘하기 어려웠던 겁니다.

만약 평소 스스로에 대해 잘 파악하고 있었다면 이런 제 약점을 쉽게 보완할 수 있었을 겁니다. 다른 공부에 허튼 노력을 들이며 시간을 낭비하기보다는 글을 읽고 쓰는 연습에 더 많은 시간을 투자하여 시간을 아낄 수 있었을 테지요. 하지만 자기 지식이 없었기에 시험 전날까지도 내게 부족한 부분을 채우지 못하고 필요 없는 공부만 쌓으려 애썼습니다.

여러분도 저와 같은 실수를 하지 않으려면 내가 어떤 학습자인지 파악해야 합니다. 이를 위해서는 오로지 단 한 가지 방법밖에 없습니다. 일단 내 계획대로 실행하되, 내 행동을 정확히 기록하는 것입니다. 이것을 메타인지에서는 '모니터링'이라고 합니다. 우리말로 풀면 '실시간으로 나를 점검하기' 정도가 되겠네요.

기록하는 방법에는 여러 가지가 있습니다. '내가 딴짓을 몇 번이나 했다'라고 기록할 수도 있고, 그 행동을 얼마나 지속했는지 기록할 수도 있어요. 이런 종류의 관찰법을 행동과학에서는 빈도 기록법 또는 지속시간 기록법이라고 말하기도 합니다. 단순히 내 행동에 대해 일기처럼 기록해도 좋습니다.

누군가는 기록하는 것이 뭐 그리 대단한 효과가 있겠느냐고 생각할 수도 있지만 모니터링은 생각보다 우리에게 많은 이점을 안깁니다. 자신의 성향이나 습관을 알 수 있을 뿐 아니라 내가 어떤 과목에 강하고, 약한지 알게 합니다. 게다가 내 행동을 스스로 감시하는 효과까지 얻을 수 있지요. 실시간으로 내 행동을 기록하다 보면 잘못된 행동을 반복하진 않을지 신경을 쓰게 되기 때문입니다. 그래서 모니터링은 자기 통제력까지 향상시킵니다. 나에 대한 지식, 메타인지는 내 행동을 기록하는 데서 시작됩니다.

● 약점과 수준을 파악하는 순간, 공부가 시작된다

신경과학자이자 정신과 전문의, 뇌 영상 전문가인 대니얼 에이멘Daniel G. Amen은 『공부하는 뇌』라는 책을 통해 뇌과학의 관점에서 공부 방법을 아주 자세하게 소개했습니다. 그는 영상 전문가답게 수많은 뇌 영상 자료를 통해 뇌 유형을 분류했고, 그 유형에 따라 공부 방법도 달라야 한다고 주장했지요. 특히 그는 공부할 내용을 각자에게 맞도록 최적화할 것을 강조했습니다. 무조건 더 열심히 할 것이 아니라, 내용의 최적화를 통해 더 효율적으로 공부하라는 것입니다. 저도 이 의견에 크게 공감합니다. 결국 공부 또한 최적화의 과정이기 때문이지요.

자기 지식이 많고 메타인지가 뛰어난 학생들은 공부하는 방식을 스스로 최적화할 수 있습니다. 이미 자신도 모르는 사이 공부 최적화가 이루어지고 있을 겁니다. 공부해야 할 것들이 자연스럽게 보이고, 시간을 어떻게 배분할지도 보이지요. 지금 내가 정말 공부가 잘된다는 확신은 특별한 게 아닙니다. 내 공부 상황을 제대로 파악하고, 공부해야 할 것들을 잘 아는 것이지요. 그럼 자연스럽게 내게 부족한 공부를 채워나가는 계획을 세우게 됩니다. 이것이 메타인지이고, 지금 그렇게 되고 있다면 정말 잘하고 있다는 뜻입니다.

주변에서 쏟아지는 수많은 공부법을 무조건 따라 하기보다 먼저 자신을 잘 알고, 자신에게 맞는 공부법을 찾아가야 합니다. 시간이 많지 않다면 많은 합격생의 합격수기를 찾아 읽고 나와 가장 비슷한 성향이나 특징을 지닌 합격생의 공부 방법을 참고하는 것도 방법입니다. 그리고 나에게 맞게 좀 더 최적화한 계획을 세우세요.

많은 수험생이 강의는 참 잘 듣습니다. 강의를 듣는 건 비교적 쉬운 일이니까요. 그런데 강의를 다 듣고 혼자 공부해야 하는 시점이 됐을 때는 갑자기 막막함을 토로하는 학생이 많습니다. 정확히 뭘 어떻게 공부해야 할지 모르겠다는 것이지요. 내가 어떤 부분에 취약하고 어떤 부분을 개선해야 하는지 자신에 대한 정보가 없기 때문에 생기는 현상입니다. 자신의 수준을 잘 알고 있다면, 해야 할 공부가 보이지 않을 리 없습니다.

자기 지식은 합격이라는 목적지에서 내가 얼마나 떨어져 있는지 스스로 위치를 파악하게 해주는 능력입니다. 현재 내 위치를 알아야 그에 맞게 지름길을 찾을 수 있듯이 자기 지식을 통해서 나의 위치를 잘 파악해야 합격에 이르는 가장 빠른 지름길을 찾아낼 수 있습니다.

사실 내게 맞는 공부 방법을 빠르게, 한 번에 찾기란 거의 불가능합니다. 일단 최선을 다해봐야 그 공부법이 정말 잘못된 것인지, 아니면 나랑 맞지 않는 것인지 알 수 있습니다. '지금 내가 하는 게 옳은가?'를 고민하며 시간을 보내기보다 일단 지금 하는 일에 최선을 다하는 것이 결국 정답을 가장 빠르게 찾는 길입니다. 영화 「겨울왕국 2」에서 해결하기 어려운 문제에 직면한 주인공 엘사는 "내가 지금 할 수 있는 것을 해야겠다"라고 다짐합니다. 지금 내가 할 수 있는 것에 집중하고 최선을 다하는 것, 여러분이 할 수 있는 가장 현명한 방법입니다.

성찰 없는 공부는
반드시 실패한다

메타인지를 키우기 위해서는 얼마나 공부했는지, 계획을 얼마나 잘 수행했는지 등을 점검하고 그 데이터를 바탕으로 스스로를 평가해보는 공부 습관을 지녀야 합니다. 이를 통해 내 진짜 실력은 물론 약점도 알 수 있으며, 그것을 바탕으로 다음 계획을 세울 수 있습니다.

공부 계획을 세울 때는 시점이 중요합니다. 흔히 수험생들은 공부를 시작하기 전에 계획하기를 좋아하는데요. 아침 일찍 일어나서 학교나 독서실에 가서 하루의 계획을 짜는 경우가 많습니다. 또는 갑자기 공부해야겠다는 생각이 들어서 거대한 공부 계획을 세우기도 하지요. 그런데 그렇게 계획을 짜면 대부분 실패하게 됩니다. 계획을 세우는 시점의 내가 그렇게 영리하지 않기 때문이지요. 이게 무슨 말일까요?

뇌는 각성수준에 따라 크게 세 가지로 분류된다고 봅니다. 열정적일 때, 게으를 때, 그리고 현명할 때. 이 중에 어떤 뇌에게 계획을 맡기느냐에 따라 계획의 질이 달라집니다. 만약 몰입해서 열정적으로 공부하고 있는 시점에 계획을 세우면 엄청난 열정으로 인해 내 능력을 벗어나는 큰 계획을 세우게 됩니다. 이런 계획은 그 당시에는 가능해 보였더라도 열정적인 시간이 끝나고, 그 계획을 실행할 시점에 이르면 '내가 왜 이렇게 무리한 계획을 세웠지?' 하며 후회하게 될 때가 많습니다.

반면 게으른 뇌에게 계획을 맡기면, 계획을 세우기도 전에 부정적인 생각부터 하게 됩니다. 추상적이면서도 자신의 능력을 억제하는 계획을 세우지요. 지나치게 낮은 목표를 둔 의미 없는 계획이 연속되고, 만약 그조차도 이행이 안 된다면 자존감과 의지력도 낮아집니다. 살면서 이런 실수를 정말 많이 하게 되는데요. 매 순간이 부정적이고, 안된다고 생각될 때가 있다면 '아, 지금은 내 뇌가 게으르고 나태한 상태구나' 하며 게으른 뇌에게 많은 일을 맡기지 않아야 합니다. 그럴 때일수록 우리는 현명한 뇌를 찾아서 적절한 계획을 세우게 해야 합니다.

● 계획의 황금 시간, 공부를 끝내기 전 '30분'

그럼 과연 언제가 현명한 뇌 상태인 걸까요? 바로 '공부를 끝내기 직전'입니다. 어릴 때 일기는 다들 써봤을 텐데요. 일기를 쓰기 위해 우선 그날 있었던 일을 떠올리고 그 행동을 평가하지요. 잘못된 행동을 했다면 반성도 하고 다짐도 합니다. 비록 엉성할지는 몰라도 이것이 바로 성찰입니다. 그리고 우리는 성찰을 한 다음에야 목표나 계획을 세울 수 있습니다. 또한 공부를 하면서 전전두엽이 활성화되고 메타인지가 향상했기 때문에 자신의 상태에 대해 객관적이며 합리적으로 바라볼 수 있게 됩니다. 그래서 이때 우리는 자신의 능력에 맞는 계획을 세울 수 있는 것입니다.

따라서 일과를 마치기 직전 10~30분, 시간이 부족하다면 단 5분이라도 성찰의 시간을 갖는 것이 좋습니다. 저는 매일 공부하면서 간단하게나마 하루를 평가해 메모지에 적어두었습니다. 그 메모지를 주말에 모두 모아서 확인해보면 내 문제가 무엇인지 정확하게 보입니다. 메타인지에서 말하는 자기 점검과 자기 평가인 셈입니다.

처음으로 고시 시험을 준비하는 수험생이 있다고 해봅시다. 이 수험생은 중간, 기말고사처럼 몇 주 동안 짧게 준비하는 시험공부는 많이 해봤지만, 다양한 과목의 방대한 시험 범위를 최소 몇 달 동안 공부해야 하는 고시 공부는 처음이라 우선 간단하게 계획을 세웠습니다. 매일 8시간씩 도서관에서 공부하기로 했지요.

계획했던 공부를 시작하는 첫째 날이 되었습니다. 매일 8시간 동안 공부하기로 했는데 스마트폰도 보고 딴짓도 하다 보니 실제 공부 시간은 1시간도 채 안 됐고, 그 후에는 집중력이 급격히 떨어지고 산만해져 3시간 만에 그냥 집으로 돌아왔습니다. 그러고는 내일은 꼭 8시간을 공부하자고 다짐하지요. 하지만 아무런 성찰과 피드백도 없이 각오를 다져봤자 이 학생은 점점 더 나아지기는커녕 오히려 자기비하에 빠지기 쉽습니다. 아무리 노력해도 전혀 나아지는 것이 없으니까요.

잘못된 계획으로 공부 시간을 다 못 채웠더라도 집으로 돌아가기 직전에는 성찰의 시간을 가져야 합니다.

'지금 내 집중력은 한 시간을 채 못 넘기니 목표를 줄일 필요가 있겠어.'

'이 자리는 통로와 가까워 소란스러우니 좀 더 일찍 와서 조용한 자리를 잡아야겠어.'

그리고 이 평가를 바탕으로 내일의 계획을 구체적으로 세웁니다. 예를 들어 오늘은 국어, 영어, 수학 과목을 2시간씩 공부하기로 계획했다고 해봅시다. 국어는 계획대로 2시간을 공부했지만 영어에서는 이해되지 않는 부분이 많아 3시간이 걸렸고 수학은 1시간도 채 보지 못했다면, 수학 공부를 막 끝낸 시점에서 우리 뇌는 계획을 수정할 필요가 있겠다고 판단할 겁니다.

이처럼 공부가 끝난 직후의 뇌는 지금 경험한 시행착오를 바탕으로 현명한 계획을 세울 수 있게 합니다. 이제 막 영어 과목 공부를 마쳤다면, "영어 지문에 낯선 단어가 많아 글을 읽고 이해하는 데 오래 걸리니, 영단어를 정리하고 외우는 시간을 조금 늘려야겠어"라고 판단하는 거지요.

모든 행동을 끝내기 직전의 뇌는 지금 내 상황을 가장 잘 이해하고 있으며 앞으로 어떻게 준비해야 하는지 가장 잘 알고 있습니다. 그래서 저는 막 행동을 끝낸 시점의 뇌를 '가장 현명한 뇌'라고 부릅니다. 이때 피드백 시간을 가지며 계획을 조금씩 수정해나가면, 다음 계획에서 무리한 시도를 하지 않고 나에게 가장 적절한 목표와 계획을 세울 수 있습니다. 실패 없는 계획을 세우겠다고 시간을 투자하기보다는 일단 시작하세요. 그리고 끝마치기 직전 10~30분에 무엇이 문제였는지 그리고 어떻게 수정해야 하는지 고민해보세요. 이렇게 한다면 그다음 계획은 반드시 성공할 확률이 높아집니다.

자존감이
공부를 지속하게 한다

공부 잘하는 학생들이 자신에게 맞는 공부법을 찾아 공부를 주도하고 계획할 수 있는 건, '나에게는 아무 문제가 없다. 그러니 공부법만 나에게 맞추면 된다' 하는 확신이 있기 때문입니다. 자존감이 높은 것이지요. 자존감이 높은 사람은 자신을 잘 알고 굳건히 신뢰하기에, 공부에도 자신에게 최적화된 전략을 대입해 계획을 세울 수 있습니다. 자신에게 잘 맞는 방식과 계획에 할 수 있다는 확신까지 더해지니 결과는 좋을 수밖에 없지요. 이런 긍정적인 경험들이 계속 쌓이면 학습에 긍정적인 변화가 연쇄적으로 일어납니다.

이렇게 공부의 주도권을 잡기 위해서는 자신의 자존감 수준을 스스로 돌이켜보고 깨달아야 하겠지요. 물론 자신을 존중하는지 그렇지 않은지는 상대적인 개념이라서 자존감은 함부로 규정할 수 없는 부분이긴 합니다. 다만 공부하면서 발생하는 문제들을 통해 내 자존감의 현 상태를 가늠해볼 수는 있습니다.

우선 자존감이 낮은 학생은 자기 자신을 믿지 못합니다. 그러니 내가 실행하는 공부법도 믿지 못하지요. 나에게 맞는 전략보다는 타인이 잘하고 있는 전략에 계속 신경을 쓰게 되고, 타인의 말에 쉽게 휘둘립니다. 또한 공부하다가 막히면 그 문제의 원인이 자신의 능력 부족이라고 생각하는 경우가 많습니다. 자연스럽게 자존감과 공부를 지속하게 할 의지력도 낮아지지요.

이런 부정적인 경험이 쌓이면 쌓일수록 불안과 걱정의 강도가 세집니다. 그러면 감정을 담당하는 뇌 영역인 편도체와 변연계가 강화되고 충동적인 사고가 강해지니 시험이 점점 다가올수록 공부 방법을 자주 바꾸는 사태가 벌어지게 됩니다. 공부 잘하는 사람들의 전략을 무작위로 따라 하는 거지요.

단권화 노트를 정말 열심히 만들던 학생이 있었습니다. 그런데 어느 날 자기가 만든 자료가 엉망이라고 하더군요. 저는 정말 좋은 자료라고 생각했는데도 말이지요. 시험이 코앞으로 다가오자 그 친구는 불안했는지 자신이 만든 자료를 버리고 유명 강사가 나눠주는 핵심 요약 자료만 들고 다녔습니다. 이 친구의 결과, 어땠을까요? 좋지 않았습니다.

이처럼 공부 자존감이 낮으면 자신을 잘 믿지 못하는 반면, 교사나 강사에 대한 의존도는 매우 높습니다. 유명한 강사의 강의를 찾아 들으며 그 자체만으로 안심하는 분이 많습니다. 그러나 합격을 좌우하는 건 유명 강사의 강의가 아닙니다. 여러분이 배운 것을 얼마나 내 것으로 소화하는지에 달려 있지요.

우리 뇌는 내가 확실하다고 믿는 마음이 바탕이 되어야만 전력을 다할 수 있습니다. 스스로를 믿지 않는다면 최선을 다할 수 없습니다. 최선을 다해야 하는 상황에서도 '이거 말고 다른 좋은 방법이 있지 않을까'라고 계속 주저한다면 노력에 힘이 빠질 수밖에요.

이렇듯 자존감이 공부에 영향을 미친다는 건 과학적으로도 근거가 있는 이야기입니다. 2018년 중국런민대학교에서는 기억력을 담당하는 해마와 자존감의 관계를 규명하기 위한 흥미로운 연구를 진행했습니다. 사회학자 모리스 로젠버그Morris Rosenberg의 자존감 지수RSES, Rosenberg self-esteem scale에 따라 참가자들을 분류하고 참가자들의 해마를 CT로 촬영했습니다. 그 결과 자존감 지수가 높은 참가자들의 해마가 더 큰 것으로 나타났습니다. 즉, 자존감이 높은 사람일수록 기억력이 더 좋을 확률이 높다는 것입니다. 뿐만 아니라 뇌의 인지와 정서를 조절하는 회백질 부분 또한 자존감이 높은 사람일수록 더 크다는 연구도 있습니다.

● 스스로 잘하고 있다는 확신의 중요성

자존감이 공부와 학습에 긍정적인 영향을 준다는 것은 이제 확실해졌습니다. 그럼 어떻게 해야 자존감을 키울 수 있을까요? 그 해답은 '유능감', 즉 스스로 잘할 수 있다는 기대와 신념에 있습니다. 유능감은 자기효능감이라고도 불리는데, 제 경우는 유능감을 느끼기 위해서 학교나 도서관에 최대한 일찍 가는 것을 목표로 삼았습니다. 도서관에 제일 먼저 도착해서 텅 빈 많은 의자를 보며 '내가 잘하고 있구나' 하는 뿌듯함을 느꼈지요. 그 뿌듯함이 바로 유능감입니다.

유능감은 타인과의 경쟁에서 이길 때도 높아지지만, 자신이 스스로를 통제한다는 기분이 들 때도 똑같이 느끼게 됩니다. 더 많은 도파민이 대뇌로 분비되는 것이지요. 도파민은 앞에서 설명한 중독뿐 아니라 동기부여, 흥미, 습관, 유능감 등 많은 정신 활동과 관련되어 있습니다.

저는 도서관에 도착해 잠시 커피 한 잔을 마시면서 일찍 오느라 수고한 스스로를 칭찬했습니다. 이것을 시험 전까지 꾸준히 반복하면서 유능감을 키웠어요. 여러분도 이처럼 아주 작은 목표를 먼저 정하고 그것을 달성해보세요. 스스로 잘할 수 있음을 깨닫고 공부를 지속하게 할 큰 힘을 얻게 될 겁니다.

사오 칼럼 4

암기력이 급상승하는
벼락치기의 법칙

중간, 기말고사 같은 내신 시험은 보통 사고력보다는 암기력을 확인하는 시험입니다. 효과적인 암기를 위해 많은 학생이 벼락치기를 하지요. "벼락치기가 무슨 공부법이야? 평소에 공부를 많이 해야지"라고 말할 수도 있습니다. 그런데 벼락치기 공부법으로 효과를 봤다는 사람도 적지 않지요. 벼락치기 공부법은 정말 성적 향상에 도움이 될까요?

답부터 말하면 '네'입니다. 단, 정말 아무 준비도 없이 시험 기간 때만 갑자기 공부하는 벼락치기는 논외로 하겠습니다. 백지상태에서 벼락치기를 해서 만족할 만한 성과를 얻기란 사실상 불가능하니까요. 평소에도 수업 내용을 차근차근 공부해오다가 시험이 임박했을 때 더 집중적으로 공부하는 벼락치기여야 효과가 있습니다. 앞서 다루었듯 시험 임박과 같은 위기 상황일 때 우리 뇌에서 노르에피네프린을 내뿜어 정신을 맑게 하고 집중력을 높이기 때문입니다.

간절함과 믿음이 성공으로 이끈다

벼락치기 공부가 효과를 발휘하려면 간절함이 있어야 합니다. 이 시험이 나에게 중요하다고 생각해야 우리 뇌도 위기 상황임을 인지하게 되니까요. '나는 내신 성적은 포기했으니 수능만 잘 보면 돼'라고 생각한다면 중간고사나 기말고사 시험 기간이 임박해도 우리 뇌는 위기 상황이라고 인지하지 않을 겁니다. 그러면 노르에피네프린이고 뭐고 아무것도 분비되지 않으니 아무리 벼락치기를 해봤자 소용이 없지요.

또한 벼락치기로 공부를 많이 할수록 무조건 성적이 오른다는 믿음이 있어야 합니다. 사실 벼락치기는 상위권 학생들이 더 많이 사용하는데요. 상위권 학생들은 벼락치기라고 따로 이름을 붙이지도 않습니다. 시험 기간 때 벼락치기로 공부하는 게 너무 당연하기 때문이지요. 시험이 임박한 시점에서 더 집중해서 열심히 공부하는 게 성적에 도움이 된다는 것을 이미 경험으로 여러 번 체득했기 때문에 벼락치기 공부법이라고 따로 분리해서 생각하지도 않습니다.

실제로 저 같은 경우에도 시험이 임박한 시점에서 벼락치기 공부를 많이 했었는데요. 특히 내신 공부에서는 벼락치기를 할수록 성적이 가파르게 오르는 경험을 많이 했기 때문입니다. 그런 경험을 하고 나니 이후에는 시험 기간이 되면 아주 당연한 듯 벼락치기를 하게 되더라고요. 결국 이런 믿음이 벼락치기 공부에 대한 효과를 더 극대화하는 것입니다. 이것은 앞에서 설명한 기대×가치 이론과 같은 이야기입니다. 벼락치기 공부법이 아무리 효과적이더라도 동기가 없다면 결국 아무것도 아니란 것이지요.

공부 효율을 높이는 요약 자료를 만들자

벼락치기의 효과를 더 높이려면 자신만의 핵심 요약 자료를 만들어야 합니다. 뇌가 위기를 인식하면 암기가 더 잘된다고 했지요. 이때 집중적으로 살펴볼 자료를 미리 만들어놓으면 암기에만 집중할 수 있으니 효율이 더 좋습니다.

요약 자료는 어떻게 만들까요? 내신 시험이라면 우선 반드시 시험 범위에 해당하는 내용이어야 하고, 수업 시간에 중요하다고 언급된 내용을 꼭 포함해야 합니다. 모든 내용을 그때마다 정리해두기 어렵다면 시험 한 달 전부터 모든 수업을 녹음하는 방법이 있습니다. 시험공부를 시작하기 전 녹음을 다시 들어보면서 선생님이 강조한 부분을 찾아 요약 자료로 정리하는 것이지요.

요약 자료는 A4용지 1~2장 내외로 정리해야지, 그 이상이 되면 요약이라 보기 어렵습니다. 중요한 내용만 추려 최대한 줄이고 줄여서 만들어야 합니다. 긴 문장을 한두 단어로 함축하고, 그 단어만 보면 나머지 내용도 인출 가능하게 연습해야 하는 것이지요. 이렇게 연습하면 시험장에서 "아, 이거 봤었는데…. 뭐였더라?"라는 말은 적어도 안 할 것입니다.

5장

COGNITION
AWARENESS
FLOW
MONITORING
STRATEGY 전략
MINDSET
HABITUATION

노력을

성과로 잇는

세 가지

뇌 공부법

그간 여러분의 공부를 가로막았던 중독을 끊고
최선으로 노력하는 법까지 익혔다면 이제
다음 단계로 넘어갈 차례입니다. 바로 코앞까지 찾아온
합격과 성과를 내 것으로 쟁취하려면
노력하는 방법을 구체적으로 알아야 합니다.
그 방법이란 우리가 흔히 이야기하는 '공부법'입니다.
우리 주변에는 좋다고 말하는 유명한 공부법들을
다 따라 해봤는데도 성과가 없었다는 사람이 정말 많습니다.
그 이유는 첫째, 노력할 수 없던 뇌 상태였기 때문이고
둘째, 원리를 이해하지 못한 채 방식만 따라 했기 때문입니다.
첫 번째 이유는 앞에서 해결했으니
이번 장에서는 두 번째 이유를 살펴보겠습니다.
공부를 잘하려면 단순히 공부법을 그대로 대입하려고만
할 것이 아니라 공부법이 왜 효과가 있는지,
그 원리를 파악해야 어떤 환경에서도
그 방법을 효과적으로 활용할 수 있습니다.

공부를 진짜 내 것으로 만드는 세 가지

공부에 쏟은 노력을 성과로 연결하고 싶다면 먼저 뇌가 학습하는 방식을 이해하고, 그 방식대로 공부해야 합니다. 우리 뇌는 어떻게 학습할까요?

365일 매일 눈이 내리는 어느 작은 마을이 있습니다. 그 마을의 주민들은 매일같이 나와 눈을 치워야 합니다. 눈을 치우지 않으면 길에 눈이 쌓여 길을 사용할 수 없고 다른 곳으로 이동하기가 어렵기 때문입니다. 왜 뜬금없이 눈 내리는 마을을 이야기하냐고요? 우리 공부도 이와 마찬가지이기 때문입니다. 뇌과학의 관점에서 공부는 새로운 길을 개척하고, 그 길을 유지하며 보수하는 행위와 아주 비슷하거든요.

우리가 어떤 개념을 배우고 기억하면 뇌에서 새로운 신경회로들이 생성됩니다. 매일같이 새로 만들어지는 신경회로들이 쌓이고 또 쌓이지요. 쌓이는 회로들을 제때 처리하지 못하면 기억이 점차 흐려집니다. 우리 뇌는 입력된 모든 정보를 저장하지 못하기 때문입니다. 뇌의 작업기억은 한정되어 있으므로 용량이 꽉 차는 것을 막기 위해 정보를 해석하고 재구성하는 과정을 반복합니다. 필요 없는 자극들을 시상이나 전두엽에서 걸러내고, 중요하다 싶은 기준에 충족하면 장기기억으로 보냅니다.

이런 기본적인 뇌의 원리를 이용한 공부법은 크게 세 가지가 있습니다. 첫 번째는 전전두엽이 정보를 재구성하는 방식을 활용한 '재구성 공부법'으로, 이 공부법을 활용하면 공부한 것을 빨리 이해하고 더 오래 기억할 수 있습니다. 그럼에도 이해하지 못하고 안 풀리는 문제가 있다면 두 번째, '무의식 공부법'으로 해결할 수 있습니다. 그리고 마지막 세 번째는 공부의 기본기를 다지는 '어휘력 공부법'입니다.

이제부터 이 세 가지 공부법에 대해 하나씩 알아보겠습니다. 살펴본 뒤 여러분에게 잘 맞는 방식으로 활용하고 또 조합해보시길 바랍니다.

재구성 공부법
요약-설명-분류하며 머릿속에 각인하라

"일주일 전에 외운 것도 까마득해요"라고 고민을 토로하는 사람이 많습니다. 그렇게 열심히 공부했는데 왜 기억이 나지 않을까요? 바로 어제 공부한 내용조차도 가물가물하니 공부할 의욕이 떨어집니다. '나는 해도 안 되나 보다'라고 자책하면서 포기하고 싶어질 때도 많습니다.

십여 년 전, 저널리스트 맬컴 글래드웰Malcolm Gladwell의 책『아웃라이어』에 심리학자 안데르스 에릭슨Anders Ericsson의 논문「1만 시간의 법칙」이 소개된 적이 있습니다. 맬컴은 그 논문을 인용하며 어떤 분야든 1만 시간, 즉 1년 정도의 시간을 투자하면 최고의 수준에 이를 수 있다고 설명했지요. 이러한 내용을 접한 사람들은 이 주장을 '무조건 많은 시간을 들이면 된다'라는 뜻으로 받아들였습니다. 이를 지켜보던 에릭슨은 자신의 논지는 그것이 아니라며 오해를 바로잡고자 책『1만 시간의 재발견』을 썼습니다. 1만 시간의 법칙의 핵심은 '얼마나 오래'가 아니라 '얼마나 올바른 방법'인지가 중요하다는 것이었습니다. 그리고 노력의 올바른 방법은 대상에 집중하고 점검, 평가하며 수정하는 '의식적인 연습'이 이루어지는 것이라고 강조했습니다.

매일 내비게이션이 알려주는 길을 따라 열심히 운전해온 사람이 있습니다. 운전 경험이 쌓이는 만큼 주행 실력도 늘겠지요. 하지만 내비게이션 없이 길을 찾아야 하는 상황이 닥치면 혼돈을 경험하게 될 겁니다. 반면 내비게이션에 온전히 의존하지 않고 스스로 길을 찾으려는 노력을 꾸준히 한 사람이라면 어떤 상황에서도 당황하지 않고 목적지까지 안전하게 도달할 수 있습니다. 심지어 지름길을 탐색하는 능력까지 발휘하면서요. 이처럼 노력이란 단순히 오랜 시간을 들인다고 해서 되는 것이 아닙니다. 높은 수준의 노력을 쏟고 싶다면 투자하는 시간과 양뿐만 아니라 질을 높이는 연습을 반복해야 합니다.

우리 뇌가 노력의 질을 판단하는 기준은 해당 정보를 '얼마나 자주 인출하는가'입니다. 어떤 정보를 인출하려는 시도가 잦다면 우리 뇌는 그 정보가 중요하다고 인지하고 장기기억으로 넘길 가능성이 커지지요. 특정 정보를 자주 인출하면 그 정보와 관련된 뉴런들 사이의 연결이 두터워지고 새로운 연결이 거듭 생성되면서 생리학적으로도 변화가 생깁니다. 뇌가 공부한 내용을 재구성하는 과정을 거치면 공부한 내용을 더 빨리 이해하고 더 오래 기억할 수 있게 되는 것이지요. 그래서 저는 이것을 '재구성 공부법'이라고 이름 붙였습니다.

재구성 공부법은 크게 세 단계로 구분할 수 있습니다. 첫째는 요약하기, 둘째는 설명하기, 셋째는 분류하기입니다. 열심히 필기하면 자연스럽게 암기도 됐을 거라고 착각하기 쉬운데, 절대 그렇지 않습니다. 반드시 요약하고 설명하며 분류하는 재구성의 과정을 거쳐야만 합니다.

1) 요약하기

재구성 공부법의 첫 번째는 '요약'입니다. 요약이란 불필요한 정보는 날리고 핵심 키워드를 추리는 과정입니다. 이 과정을 통해 공부한 내용을 자연스럽게 이해하고 머릿속에 더 오래 기억할 수 있게 됩니다. 그렇기에 공부는 요약의 연속이라고도 할 수 있습니다. 이때 주의할 점은 내가 직접 요약해야 한다는 것입니다. 남이 요약해준 것은 아무리 열심히 들여다본다 한들 효과가 현저히 떨어집니다. 내 머릿속에서 내 방식대로 요약해야만 뇌는 재구성 과정을 거치게 됩니다. 이런 원리를 가장 잘 활용한 공부법이 바로 '단권화'입니다.

직접 내 언어로 정리할 것

두꺼운 책에서 꼭 필요한 내용만 추려 노트 한 권에 요약해 정리하는 작업을 '단권화'라고 합니다. 임용고시, 공무원 시험, 수능 등 시험을 준비하는 수험생들 사이에 이미 정석으로 알려져 있는 공부법이지요. 단권화는 개념을 무작정 옮겨 적는 작업이 아닙니다. 내용에서 불필요한 부분은 삭제하고 핵심 단어나 문장만 옮겨 적으면서 자연스럽게 핵심을 파악하는 데 중점을 둔 공부법입니다. 이 과정을 통해 이해력과 작업기억 능력, 암기력이 좋아지게 되고, 그렇게 받아들인 지식은 장기기억으로 넘어가게 됩니다. 단권화를 통해 의미 있게 외운 지식은 흰 종이에 빼곡히 적힌 글을 그대로 암기하는 것보다 훨씬 더 오래 기억에 남습니다.

또한 단권화는 엄청난 집중력을 불러오는데, 그 집중력이 지속되면 어느새 몰입의 순간에 이르게 됩니다. 그도 그럴 것이 단권화는 세상에 단 하나뿐인 자신만의 책을 만드는 작업이고, 공부에 쏟은 노력을 내 눈으로 직접 확인할 수 있는 결과물이기도 하니까요. 이것이 공부를 잘 해나가고 있다는 스스로에 대한 믿음과 자존감을 키워줘 계속해서 공부에 집중할 수 있게 하는 큰 힘이 됩니다. 저 역시 수험 시절 제가 만든 단권화 노트들을 아직까지도 소중하게 간직하고 있습니다. 아래는 저의 단권화 노트 중 일부입니다.

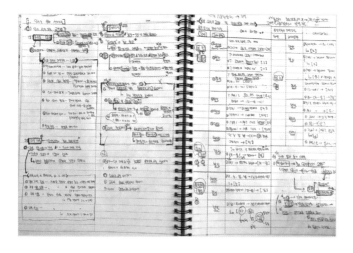

글씨가 정말 엉망이지요? 사실 단권화는 다른 사람에게 보여

주기 위한 것이 아니라, 저만 알아보면 되기에 글씨체는 상관없습니다. 무엇보다 단권화는 스스로 해야 효과를 극대화할 수 있습니다. 그런데 이렇게 생각하는 사람이 있습니다.

'아니, 요즘 유명 강사들이 핵심 내용을 다 정리해서 주잖아. 그리고 내가 만든 단권화보다 훨씬 더 좋은 책도 많은데 왜 힘들게 그런 걸 만들어?'

틀린 말은 아니지만 여기서 간과한 게 하나 있습니다. 그렇게 남에게 받거나 사온 자료로 공부하니 잘 이해되고 외워지던가요? 아닐 겁니다. 게다가 이렇게 남이 정리한 것을 들고 다니는 사람일수록 다른 누군가가 더 좋은 자료라고 말하는 게 있으면 그것도 받아옵니다. 그러다 보면 자료가 점점 늘어나고 대체 뭘 봐야 할지 혼란만 더해지지요. 결국 이득을 보는 사람은 여러분에게 요약집을 제공한 학원 강사님일 겁니다. 여러분에게 정리해주기 위해 더 공부하게 되었으니까요.

다시 한 번 강조하지만, 단권화는 단권화 노트 자체가 중요한 게 아닙니다. 단권화하는 그 과정에서 얻는 경험이 중요합니다. 내가 나중에 봤을 때 잘 이해되도록 작성해야 합니다. 내가 어떤 점이 약하고 어떤 점이 강한지 가장 잘 아는 건 강사가 아니라 바로 나 자신입니다. 나를 가장 잘 아는 나 자신이 스스로를 위한 특별한 책을 만든다고 생각하면 어떨까요.

단권화를 통해 내용을 체계화하면 나에게 더 필요한 공부가 무엇인지, 어느 부분을 더 살펴봐야 하는지 한눈에 파악할 수 있습니다. 단권화한 내용을 쭉 훑으면서 '이 개념은 내가 자주 틀리는 부분이니까 따로 시간 내서 공부하자'라고 정리해둘 수 있지요. 키워드만 봐도 관련 내용이 잘 떠오르는 부분은 나중에 한 번씩 쓱 확인하는 정도로만 짚고 넘어가자고 빼둘 수도 있고요. 이 덕분에 시험공부 계획을 세울 때도 단권화 노트를 몇 번이나 확인할 수 있을지를 구체적으로 구상할 수 있습니다. 시간이 별로 없을수록 효율적으로 공부하는 데 발군의 역할을 해주는 것이 바로 단권화이지요.

평소에는 당연히 교과서나 참고서 같은 책으로 공부하며 개념을 이해해야 합니다. 하지만 시험이 얼마 남지 않았다면 교과서 등에 담긴 모든 개념을 다 살펴보기보다는 시험 범위에서 핵심만 따로 여러 번 살펴보는 것이 훨씬 도움이 될 겁니다. 시험에 나올 확률, 개념의 난이도 등에 따라 눈으로만 확인하고 넘어가도 되는 개념과 시험 직전까지 꼼꼼히 봐야 할 개념은 따로 있으니까요.

더 나아가 자신의 단권화 노트와 강사들이 준 핵심 요약집에서 겹치는 부분은 무엇인지, 내 단권화 노트에 빠진 부분들은 무엇인지 비교하며 단권화 노트를 보완할 수도 있습니다. 처음에는 교과서나 전공 서적 같은 책을 읽고 내가 이해한 것을 노트에 요약하며 정리한 다음, 그 노트의 내용을 다시 A4 용지 몇 장에 요약하고, 그 A4 용지만 들고 시험장에 들어가는 것도 머릿속에 내용을 각인하는 좋은 방법입니다. 단권화의 단권화인 셈입니다.

핵심을 추리면 암기가 빨라진다

노트 한 권이나 A4 한 장 요약에서 나아가 포스트잇 같은 메모지에 요약할 수도 있습니다. 이것은 암기력을 높이는 데 특히 좋은 방법입니다. 단권화처럼 요약해서 이해력을 높이고 자주 인출함으로써 장기기억으로 넘기는 것이지요. 공부한 내용이나 잘 이해되지 않는 개념을 핵심 키워드로 요약해서 적고 자주 보면, 그 키워드로 나머지 개념을 인출할 기회를 만들 수 있습니다. 사실 우리가 알고 있는 많은 암기법은 뇌의 작업기억을 도와 이해력을 높여 장기기억으로 넘기기 위한 수단이니까요.

열심히 공부했는데도 점수가 잘 안 나온다면 암기에 관한 부분을 점검해봐야 합니다. 보통 개념을 암기한다면 먼저 그 개념을 이해하는 일이 우선이지만, 가끔 공부하다 보면 무작정 반복해서 보고 외워야 하는 것도 있습니다. 의미가 연결되지 않더라도 그냥 외울 수밖에 없는, 이를테면 원소기호 같은 것이지요. 이런 건 이해한다고 완벽히 외울 수 있는 것들이 아닙니다. 단순히 반복해서 외우는 작업이 필요합니다.

수험생의 공부는 결국 그동안 공부해온 것들을 시험 당일에 모두 머릿속에서 인출할 수 있는가의 싸움입니다. 공부한 내용이 머릿속에 차곡차곡 잘 쌓이고 있는지를 확인해야 하지요. 이 때 아직 이해하지 못한 개념이나 외우지 못한 내용이 있으면 조급해집니다. 안 그래도 시험이 점점 다가와서 불안한데, 모르는 것을 아직 해결하지 못했다면 불안이 더 커질 수밖에요. 불안감이 커지면 아무 일도 손에 잡히지 않습니다. 국어를 공부하는 중에도 '정말 중요한 수학 공식을 덜 외웠는데' 하며 걱정하게 되지요. 이럴 경우 특히 메모지 암기법을 추천합니다.

메모지 암기법은 공부한 내용 중 중요한 개념을 선별하고 잘 외워지지 않는 키워드를 메모지에 적어 암기하는 공부법입니다. 보통 우리는 잘 외워지지 않거나 틀리는 개념을 반복해서 틀리게 되기 때문에 그 개념들만 추려서 외우는 겁니다. 이렇게 쓴 메모지들을 과목별로 분류해서 A4 용지나 공책에 붙여 수시로 꺼내 보며 머릿속으로 관련 내용을 암기합니다. 오른쪽 사진은 제가 직접 정리했던 메모지 암기법의 예시입니다.

이렇게 메모지를 붙인 A4 용지 또는 노트를 매일 아침 최소

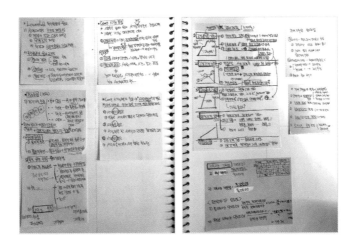

30분에서 최대 1시간 동안 보면서 암기하세요. 예를 들어 오전 7시부터 공부를 시작한다면 8시까지 1시간 동안은 메모지를 보며 기억을 인출해보는 겁니다. 내가 잘 모르고, 중요하다고 생각하는 개념들을 암기하다 보면 지나치게 시간을 많이 투자하게 될 수도 있습니다. 그렇다고 1시간 이상을 이 암기법에 쏟으면 아침부터 너무 힘들 거예요. 매일 하는 루틴이니 다음 날도 큰 부담으로 다가오게 되겠지요. 만약 1시간이 부담된다면 30분이라도 괜찮습니다. 각자의 상황에 따라 조절하세요.

그럼 매일 똑같은 메모지만 봐야 하는 거냐고요? 아닙니다. 기존의 메모지에 적힌 개념들이 익숙해지고 잘 외워졌다면 그 메모지는 떼버리고, 중요하지만 잘 안 외워지는 다른 개념을 적어서 교체하세요.

이처럼 내가 가장 걱정되고 어려워하는 것을 아침 첫 시간에 해결함으로써 그 뒤에 할 공부에 대한 걱정과 불안을 크게 줄일 수 있습니다. 매일 1시간 이내의 시간을 차지하기에 그렇게 큰 부담감도 없지요. 가장 어렵다고 생각하는 일을 일찌감치 해결해버리면 그다음 공부에는 어느 정도 자신감을 가질 수 있습니다.

예습과 복습을 돕는 학습 도구

메모지 암기법은 예습이나 복습 때도 활용하기 좋습니다. 예를 들어 오늘 공부할 과목이 국어와 수학이라면, 그날 배울 내용을 미리 살펴보면서 주요 개념을 메모지에 쓰세요. 그리고 공부를 시작하기 전에 한 번 보며 예습하고, 끝난 후에 또 한 번 보며 복습하는 겁니다.

독일의 심리학자 헤르만 에빙하우스Hermann Ebbinghaus의 '망각곡선'이라는 개념이 있습니다. 이 그래프를 간단히 설명하면, 사람은 새로 외운 내용을 10분 후부터 잊기 시작해서 1시간 만에 약 50%, 하루 만에 약 70%를 잊어버린다는 겁니다.

사실 이 이론에 대해서는 논란이 있습니다. 망각곡선은 생판

◆ 에빙하우스의 망각곡선

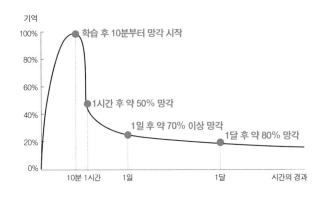

모르는 단어나 어휘를 외울 때를 대상으로 한 실험 결과이기 때문입니다. 즉 의미 연결이 전혀 되지 않는 내용을 암기할 때 이정도의 복습이 필요하다는 겁니다. 우리가 공부하는 내용은 의미 연결이 가능한 내용이 많아서 하루에 한 번 제대로 본다면 충분히 효과적인 복습이 됩니다.

다만 공부 효과를 높이고 싶다면 메모지 개수는 적절히 추려야 합니다. 내가 모르는 게 많다고 메모지를 많이 붙이면 살펴보는 데 시간이 너무 소비되어 아예 메모지를 안 만든 것보다 못할 수도 있습니다. 아직 모르는 게 많더라도 한 과목당 메모지가 10개를 넘기지 않도록 하세요.

요즘은 가족이나 친한 친구들의 휴대폰 번호를 외우고 있는 사람이 생각보다 드뭅니다. 스마트폰에 다 저장되어 있으니 굳이 외우려 하지 않기 때문이지요. 이런 측면에서 이 메모지 암기법도 조심해야 합니다. 이 메모지를 스마트폰에 저장된 주소록처럼 마냥 적어두고 보관하는 용도로만 활용한다면 실제로 우리 머릿속에 기억되는 내용은 없을 겁니다.

우리 뇌는 틈만 나면 편해지고자 귀찮은 것을 피하려고 합니다. 어렵거나 잘 외워지지 않는 개념은 자꾸 회피하려 하고, 이 정도 했으면 충분하다고 유혹합니다. 그런데 정말 거기서 딱 멈추면 다시 지금 수준까지 오기까지 더 큰 노력과 시간이 필요합니다. 결국 더 고생한다는 것이지요.

공부하는 내내 자신의 뇌를 괴롭혀야 합니다. 이 정도 했으면 됐다고 느껴질 때 조금만 더 해보자고 말할 수 있어야 하고, 실제로 그렇게 행동할 수 있어야 합니다. 뇌에서 유혹하는 편리함을 뿌리치고 조금 더 해보자는 생각을 가질 때 비로소 다른 수험생과 차별점을 갖게 되고, 그 차이가 결국 합격이란 문을 열어줄 것입니다.

재구성의 두 번째 방법은 설명하기입니다. 우리가 머릿속으로 공부한 내용을 말로 다시 설명하기 위해서는 먼저 개념을 적절히 재구성하는 과정을 거쳐야 합니다. 그리고 내용을 이해해야 잘 설명할 수 있지요. 말로 설명하다 보면 이해되지 않던 내용이 어느새 이해되기도 합니다. 이런 과정에서 우리 뇌는 역시 공부한 것을 장기기억으로 저장하게 됩니다.

어떤 개념에 대해 설명하다 보면 뇌의 다양한 부위가 활성화됩니다. 전두엽은 물론이고 언어 이해를 담당하는 베르니케 영역과 말의 유창성을 담당하는 브로카 영역 등이 동시에 작동합니다. 이해에 방해되는 정보를 빠르게 버리고 설명할 상대방 수준에 맞춰 쉽게 설명하기 위해 정보를 요약하거나, 정보와 내 배경지식을 연결하려고 노력하게 됩니다. 이러한 인지 활동을 통해 뇌가 굉장히 활성화되며 통찰력도 커집니다.

설명하면서 기억에 자동 저장된다

미국 행동과학연구소NTL, National Training Laboratories에서 교육방법에 따른 기억 정도를 조사해 '학습 피라미드Learning Pyramid'라는 개념을 발표했습니다. 학습법마다 24시간 이후 기억에 남는 학습량을 비율로 나타낸 것입니다.

◆ **학습 피라미드**

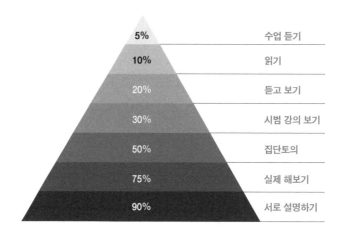

5%	수업 듣기
10%	읽기
20%	듣고 보기
30%	시범 강의 보기
50%	집단토의
75%	실제 해보기
90%	서로 설명하기

학습 피라미드에 따르면, 유명 강사의 강의를 녹음해서 그대로 듣기만 한다면 그것은 다음 날 5%만 기억날 것이고, 단권화나 핵심 요약집을 그냥 눈으로 확인만 한다면 그것은 다음 날 10%만 기억에 남을 것입니다. 그나마 수업에서 선생님의 수업 내용을 듣고 직접 읽기도 한다면 최대 30%까지 기억에 남지요.

생각보다 결과가 처참하지요? 이처럼 아무리 좋은 강의나 수업이 있어도 단순히 듣고 보기만 할 뿐 직접 인출해보는 과정이 없다면 좋은 학습 결과를 기대하기 어렵습니다.

학습 피라미드에 따르면 가장 학습효과가 좋은 공부법은 '서로 설명하기'입니다. 스스로 공부한 내용을 자신에게 또는 다른 대상에게 말로 설명하는 방식입니다. 학교 선생님이나 학원 강사님들은 어떻게 방대한 학습 내용을 모두 기억하고 우리에게 전달하는 걸까요? 한 가지 분야를 깊이 오랫동안 공부한 덕분도 있겠지만, 무엇보다 스스로 이해한 내용을 항상 다른 사람에게 말로 설명하면서 저절로 엄청난 학습이 이루어졌을 겁니다. 이처럼 다른 사람에게 설명하다 보면 스스로 더 잘 이해되고 깨닫게 됩니다.

설명한다는 건 곧 말을 한다는 뜻이니, 언어능력을 담당하는 브로카 영역과 아주 관련이 깊습니다. 글을 눈으로만 읽고 넘어간다면 브로카 영역은 잘 활성화되지 않습니다. 읽고 이해하는 건 언어를 이해하는 베르니케 영역만으로 충분하기 때문입니다. 읽고 이해한 것을 말로 다시 설명할 때 비로소 브로카 영역이 활성화됩니다.

브로카 영역이 활성화되면 어떤 효과가 있을까요? 여러분이 쓴 글을 다시 소리 내어 읽어본 적 있는지 모르겠는데요. 이렇게 소리 내어 다시 읽어보면 글에서 어색하거나 잘못된 부분을 찾게 되는 경우가 많습니다. 브로카 영역이 활성화되면 문법 교정 능력이 향상되면서 어휘를 문법에 맞고 자연스럽게 배치할 수 있습니다.

언어 전문가들은 외국어를 배울 때도 말을 직접 내뱉는 행동이 아주 중요하다고 입을 모아 말합니다. 그 이유도 직접 말해봄으로써 브로카 영역이 활성화되고, 그로 인해 생긴 문법 교정 능력이 언어학습에 큰 도움이 되기 때문입니다. 더 빠른 언어학습이 가능해지지요.

조별 토론이나 발표수업에 적극적으로 참여해본 사람은 잘 알 겁니다. 설명하는 과정을 거치고 나면 그 내용이 머릿속에 더 오래 기억된다는 사실을요. 우리 뇌에서 장기기억과 공간 개념, 감정적인 행동을 조절하는 해마는 단기기억을 장기기억으로 넘길 때 그 당시의 장소나 상황의 단서를 아주 중요하게 여깁니다. 만약 어느 날 식당에서 누군가를 우연히 만난 적 있다면, 그 장소를 떠올릴 때마다 당시의 상황과 장면들이 함께 생생하게 떠오르듯 말입니다. 학습 내용을 직접 말로 설명하면서 장기기억으로 넘길 때도 마찬가지입니다. 머릿속에서 적절한 단어를 찾아 말하기 위해 노력하고, 직접 말로 설명했던 당시의 장소와 상황 등이 이후 기억을 떠올리는 단서가 됩니다.

그러니 앞으로 친구들이 모르는 걸 물어본다면 열심히 가르쳐주세요. 친구에게 설명하다 보면, 내가 더 많이 알게 되는 신기한 경험을 하게 될 테니까요. 다른 사람에게 설명하기 어려운 상황이라면 자기 자신에게 설명해도 됩니다. 공부를 마쳤다면 그 공부의 흔적, 즉 필기들이나 줄 그은 표시를 보며 잠깐이라도 나에게 설명하는 겁니다. 자기 자신을 가장 잘 가르치는 사람은 단언컨대 우리 자신입니다.

설명할 사람이 없을 때는 스스로 설명하며 녹음하는 방법도 있습니다. 누군가에게 설명한다고 생각하고 녹음한 뒤에 다시 들으면 더 오래 기억에 남습니다. 어떤 학생은 잘 이해되지 않는 개념을 스스로 설명하며 녹음해놓고 자투리 시간에 듣더라고요. 이것도 아주 좋은 방법입니다.

생활 속에서 설명하는 경험을 점차 늘려보세요. 설명하다 보면 어느새 스피치 기술과 작문 실력도 늘게 되고 자신 있게 말하는 과정에서 심리적인 자신감도 얻을 수 있습니다. 마치 유명한 강사나 선생님이 된 것처럼 말해보세요. 설명하는 경험이 여러분 생활 속에서 누적된다면 여러분도 유명 강사 못지않은 실력을 키울 수 있습니다.

3) 분류하기

재구성의 세 번째 방법은 분류하기입니다. 보통 의대생들은 1학년 때 약 2만 5천 개의 새로운 단어를 배우고, 2학년이 되면 추가로 약 2만 5천 개의 단어를 또 배운다고 합니다. 새로운 단어를 학습하며 큰 틀 안에서 각각 적절한 위치를 찾아 넣지 못한다면 그 5만여 개의 단어를 기억하고 유지하는 일은 거의 불가능에 가까울 겁니다.

비록 의대생들처럼 방대한 양은 아니더라도 공부하는 과목마다 머릿속에 체계가 없다면, 배운 지식은 산산조각이 나 흩어질 것입니다. 그럼 매번 새로운 길을 찾느라 시간을 허비하게 되겠지요. 이건 열심히 하고 안 하고의 문제가 아니라, 효율과 비효율의 극심한 차이가 만드는 현상입니다.

그래서 공부할 때는 체계화가 그 무엇보다 중요합니다. 유명한 학원 강사나 선생님들은 어려운 개념이나 원리를 아주 간단하게 분류해서 알려주지요. 어쩜 그렇게 핵심만을 콕콕 집으며 명쾌하게 정리할까요? 그것도 바로 체계화 덕분입니다.

의미를 찾으면 암기가 쉬워진다

분류하기를 활용한 공부법으로 '청킹Chunking'이 있습니다. 청킹이란 우리말로 '덩이 짓기', '군집화'라는 뜻입니다. 정보를 의미 단위로 분류하는 것이지요. 더 간단하게 청킹의 예를 들어볼까요? 여기 그림들을 보세요.

여러분이 제한 시간 동안 이 그림이 뜻하는 대상들을 외워야 한다면 어떻게 외울 건가요? 물론 암기력이 아주 좋다면 그냥 '고양이, 딸기, 개…' 하며 쭉 외우면 됩니다. 그럼 청킹이고 뭐고 필요 없지요. 다만 기억력이 평범한 분이라면, 이 그림들을 의미 단위로 분류해서 암기하면 훨씬 더 암기가 쉬워집니다. 위 그림들을 의미 단위로 분류해보면, 두 가지로 분류할 수 있습니다. 바로 동물과 과일입니다. 동물에는 고양이, 개, 말이 포함될 것이고 과일에는 딸기, 사과, 포도가 들어가겠지요. 이렇게 의미를 기준으로 묶음을 만들어 외우면, 무작정 각 그림을 하나하나 외울 때보다 훨씬 더 기억에 잘 남습니다.

이처럼 각 대상들의 공통점과 차이점을 고려하여 의미 있게 분류하는 작업이 바로 청킹입니다. 새로운 정보를 재구성함으로써 더 쉽게 암기하고 이해하기 위한 과정입니다. 사실 우리가 흔히 보는 책의 차례들도 모두 청킹으로 이루어진 것이지요.

영어 단어를 외울 때도 청킹은 아주 효과적인 방법입니다. 단순히 달달 반복하며 외우기보다 각 단어의 구성을 이해하고 분류하면 암기에 큰 도움이 됩니다. 예를 들어 '선주문하다'라는 뜻의 영단어 'preorder'를 외워야 한다고 생각해봅시다. 이 단어에서 'pre-'는 '미리, 이전에'라는 의미를 지니는 접두사입니다. 이 사실을 알고 있다면 'preoder'는 'pre(미리)-order(주문하다)'와 같이 의미 있게 청킹할 수 있습니다. 또한 이제 'pre-'가 붙은 단어를 보면 '미리, 이전에'라는 뜻을 포함한다는 점을 알고, 'prepare(준비하다)'나 'predict(예언하다)' 등을 외울 때도 보다 더 쉽게 이해하고 청킹하며 덩이째로 외울 수 있겠지요.

청킹 또한 앞서 살펴본 다른 재구성 공부법들과 마찬가지로 기존에 누군가가 청킹한 자료가 아니라 직접 분류해서 암기할수록 그 효과가 훨씬 높아집니다. 청킹하는 과정에서 낯선 어휘도 이해하기 수월해지며 청킹을 완성한 후에는 자연스럽게 장기기억으로 넘어갈 가능성이 큽니다.

청킹은 논술과 면접 준비에도 큰 도움을 줍니다. 논술은 어떤 주제를 대상으로 서론, 본론, 결론으로 나누어 글을 논리적으로 써나가는 글쓰기입니다. 또한 논술 시험 문제들은 보통 어떤 대상의 시사점과 그에 따른 근거를 몇 가지 쓰는 식으로 출제됩니다. '첫째, 둘째, 셋째' 식으로 글을 써나가야 한다는 것이지요. 즉 논술은 청킹을 기본 능력으로 요구하는 것입니다.

한번은 토론 프로그램에서 유시민 작가가 주장을 논리적으로 전달하는 모습을 봤습니다. 가상화폐의 정의를 세 가지로 정리할 수 있다면서 첫째, 둘째, 셋째로 나눠서 말을 이어가더라고요. 이처럼 청킹이 익숙한 사람들은 같은 내용을 가지고 주제에 따라 다양하게 묶어 정리할 수 있습니다.

면접에서도 준비했던 질문을 받았을 때는 외운 그대로 말하면 되겠지만 예상 밖의 질문일 때는 순발력을 발휘해서 그 자리에서 즉시 청킹을 시도해야 하는 상황도 있습니다. 평소에 청킹을 많이 해왔던 사람이라면 질문을 어느 정도 유연하게 받아넘길 것이고, 청킹을 많이 해본 적이 없는 사람이라면 머릿속에서 생각이 잘 정리되지 않아서 말을 제대로 못할 수도 있습니다.

숙련된 청킹이라 하면 뭔가 대단한 것 같지만, 사실 수험생이라면 모두가 할 수 있는 방법입니다. 다만 그만큼 청킹을 습관처럼 시도해야 하며, 항상 머릿속에서 질문하고 고민해야 합니다. '이걸 어떻게 하면 쉽게 외울까? 이들의 공통점은 뭘까? 차이는 뭐지?'와 같은 질문들 말입니다. 이런 고민이 청킹을 시작하게 하고 숙달되게 합니다. 그러다 보면 여러 개념의 공통점과 차이점을 정확하고 빠르게 찾아내게 됩니다. 사실 공부를 잘하는 학생들은 자신도 모르게 이미 청킹 고수가 되어 있는 경우가 많습니다. 그래서 암기, 이해, 심지어 논술이나 면접까지 효율적으로 진행할 수 있는 것입니다.

책상 앞에 오래 앉아 있는 힘도 중요하지만 비슷한 시간을 앉아 있음에도 공부 잘하는 학생과 못하는 학생의 차이는 효율성에서 옵니다. 청킹이 숙달되어 효율적으로 암기하고 복습하는 학생과 청킹을 많이 해본 적 없고, 무작정 암기를 반복하는 학생이 있다면 같은 시간 동안 공부하더라도 결과는 크게 차이가 날 겁니다. 청킹을 활용하면 시간을 충분히 효율적으로 사용할 수 있습니다.

약점을 발견하는 단서

청킹을 시각화하여 정리한 것이 바로 마인드맵입니다. 마인드맵은 우리말로 목록화, 도식화, 범주화 등으로 해석할 수 있으며, 단순히 핵심어를 정리하는 것뿐 아니라 그것을 이해하는

데 도움을 주는 공부법입니다.

마인드맵은 원래 글을 읽기 전에 사용하던 독해 전략이었습니다. 글의 내용을 파악하기 어려워하는 학생들에게 글을 읽기 전에 마인드맵을 이용해서 글의 구조를 간단히 파악하고, 글을 이해하는 데 도움을 주었지요. 그러다가 마인드맵의 시각적인 강점이 점점 부각되면서 지금처럼 학습의 전반적인 과정에 활용된 것입니다. 다음은 마인드맵의 예시입니다.

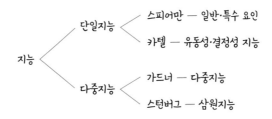

교육학의 지능이라는 용어를 떠올리면 저는 자연스럽게 단일지능과 다중지능이라는 단어가 떠오릅니다. 지능이라는 단서가 이 두 개념을 떠오르게 한 것이지요. 여기서 또 단일지능을 보면 스피어만의 지능이론인 일반 요인과 특수 요인, 카텔의 지능이론인 유동성 지능과 결정성 지능이 떠오르고, 다중지능을 보면 가드너의 다중지능과 스턴버그의 삼원지능이 떠오릅니다. 이처럼 우리는 한 번에 전체를 떠올리기는 어렵지만, 특정 단서를 통해서 뇌 구석구석 저장된 기억을 하나씩 끌어올 수 있습니다. 물론 이런 마인드맵 효과 또한 다른 누군가가 대신 만들어준 것이 아니라, 내가 직접 만든 마인드맵이어야만 누릴 수 있지요.

우리 뇌는 효율적인 것을 아주 좋아합니다. 만약 여러분이 그림을 그린다면 붓, 물감, 도화지가 필요하지 백과사전과 수학 책들은 필요 없겠지요. 우리 뇌는 항상 그 상황에 필요한 것을 꺼내서 단서로 사용하는데요. 그래서 기억을 잘하기 위해서는 단서를 만드는 것이 아주 중요합니다. 내비게이션으로 목적지를 설정하면 큰 지도를 먼저 보여주고 현재 위치와 목적지를 확인시켜주듯, 공부에서도 현재 내가 어느 장의 개념을 공부하는지 그 위치를 확인하면 이후 그 정보를 다시 꺼낼 때 아주 훌륭한 단서가 됩니다. 이런 체계화는 뇌가 좋아하는 효율적인 정리 방식이며, 그 방식대로 정리하게 되면 다시 기억을 떠올릴 때도 아주 쉽게 인출할 수 있습니다.

이것을 교육학 이론으로 만든 교육학자가 있습니다. 인디애나대학교의 라이겔루스Charles M. Reigeluth 교수이지요. 그는 교사들의 효과적인 수업을 위해 정교화 이론을 제시했습니다. 먼저 수업의 전체적인 윤곽을 제시하고, 점차 구체적인 내용으로 갔다가 다시 전체적인 내용으로 가르칠 것을 강조했습니다.

우리는 목적지까지 운전해서 갈 때 큰길에서 작은 길로 옮겨 갑니다. 고속도로에서 국도로, 국도에서 지방도로, 지방도에서 골목길로. 공부할 때도 이처럼 큰 범주에서 작은 범주로 체계화 하면 학습 내용을 오래 기억하는 데 아주 효과적입니다. 처음에는 줌 아웃, 즉 큰 숲을 보는 관점에서 현재 내 위치와 전체 범위를 확인하고, 공부를 심화하면서는 줌 인으로 자세히 들어가서 각 내용을 구체적으로 살펴봅니다. 그리고 공부를 마치기 직전에는 다시 줌 아웃해서 전체를 확인하며 마무리합니다.

국어에 대해 마인드맵을 그린다고 해봅시다. 국어는 읽기/말하기/쓰기로 구성되어 있으며, 그중 읽기는 다시 단어/어휘/독해로 구분됩니다. 여기서 중요한 것은 국어라는 단서가 먼저 장기기억에서 읽기/말하기/쓰기라는 키워드를 끌어내고, 읽기라는 단서는 다시 더 그 하위 개념인 단어/어휘/독해라는 단서를 끌어낸다는 점입니다. 처음부터 바로 국어라는 단서를 통해 단어, 어휘 등의 세부 키워드를 꺼내긴 힘들지만 '국어 → 읽기 → 단어/어휘/독해'처럼 중간에 읽기라는 단서를 연결하면 기억을 꺼내기가 쉬운 것이지요. 이처럼 마인드맵에서 우리가 의미 단위로 목록화한 제목들이 다음 하위내용을 불러올 단서가 됩니다.

마인드맵은 특히 시험이 얼마 남지 않았을 때 활용하기 좋은 공부법입니다. 눈으로 핵심을 살펴보면서 빠르게 이해하고 인출할 수 있는 효율 좋은 복습법이기 때문입니다. 단어만 보고 내가 지금 어떤 것을 알고, 모르는지 금방 파악할 수도 있지요. 심지어 화장실에 앉아 있거나 버스를 타고 이동하는 등 자투리 시간에 마인드맵을 보면 간단하게나마 공부할 수 있습니다.

앞서 여러 번 언급했듯 수험생들은 이미 많은 것을 외운 만큼 시간이 흐르면서 많은 내용을 잊어버리기도 합니다. 그만큼 시험이 코앞에 닥쳤을 때는 계속 새로운 내용을 공부하기보다 아는 것을 한 번 더 꺼내보는 작업이 중요한데 그런 점검에 마인드맵만 한 게 없습니다. 예를 들어, 이전에 공부하면서 만들었던 마인드맵을 다시 보거나 새로 작성하는 중에 어떤 하위목록에서 생각이 막혔다고 해봅시다. 아무리 골똘히 생각해도 그 하위목록이 떠오르지 않는다면 그 부분은 공부가 덜 된 것이지요. 이처럼 마인드맵은 내가 어떤 부분이 부족한지도 파악할 수 있는 유용한 복습법입니다.

[2]

무의식 공부법
자는 동안에도 뇌는 공부한다

재구성 공부법을 통해 공부한 내용을 대부분 이해하고 기억하게 되었더라도, 여전히 잘 외워지지 않는 개념이 있을 수도 있습니다. 이때 무의식을 활용하면 이러한 문제를 해결할 수 있습니다.

무의식 중 가장 대표적인 것은 잠, 바로 수면입니다. 잠은 하루 중 3분의 1에 가까운 시간을 차지할 만큼 우리 삶에서 아주 큰 영향을 미치는 부분입니다. 잠은 크게 두 가지 능력을 지닙니다. 하나는 뇌의 노폐물을 청소하고 몸을 회복하는 능력, 다른 하나는 정보와 기억을 정리하는 능력입니다.

특히 여기서 우리가 주목해야 할 것은 기억을 정리하는 능력입니다. 우리가 잠이 들면 뇌는 그날 경험했던 많은 정보를 처리하기 시작합니다. 불필요한 정보를 버리고, 중요하다고 판단되는 정보를 장기기억으로 저장하지요. 미국 존스홉킨스대학 연구진은 잠을 통해 학습과 기억을 담당하는 뇌세포가 재보정되고 학습한 내용이 더욱 단단해지며, 더 나아가 그 이후 학습에도 영향을 미친다고 발표했습니다. 수면 같은 무의식을 잘 활용하면 공부한 것을 잘 기억할 뿐 아니라, 이후의 학습에서도 이해력을 높이는 긍정적인 효과가 있다는 것입니다.

이러한 무의식과 뇌의 메커니즘은 엄청난 차이를 만듭니다. 하루 내내 공부했던 내용을 끊임없이 생각하고 고민한다면 뇌는 잠을 자는 무의식 상태에서 공부와 관련된 많은 양의 정보를 장기기억으로 넘깁니다. 우리 뇌는 자주 떠올리는 것을 중요한 정보라고 판단하고, 그 정보를 장기기억으로 넘기니까요. 결국 자는 동안에도 암기가 이루어지고, 깨어난 후에는 이전에 어려웠던 개념도 이해가 잘되는 효과를 얻을 수 있습니다.

저 역시 무의식의 위력을 많이 경험합니다. '어떻게 하면 구독자들에게 도움이 되는 내용을 더 쉽게 전달할 수 있을까'를 온종일 고민하는 일이 많습니다. 신기하게도 이렇게 깊이 고민하다가 잠든 다음 날에는 막혔던 생각이 어느새 정리되어 있거나 더 깊은 이해에 도달하는 경우가 많습니다.

　반면 공부를 열심히 했지만 공부와 관련 없는 뉴스와 정보도 많이 접했다면 그날 밤 잠을 자는 동안에 공부와 관련된 정보보다는 나에게 더 자극적이었던 정보들 위주로 장기기억이 형성됩니다. 공부와 관련된 정보는 오히려 잘 기억하지 못하고, 다음 날이 되어도 자극적인 정보에 방해를 받아 이해와 암기가 어려워집니다. 그런 정보를 최대한 멀리해야 무의식 상태에서도 공부 효과를 얻을 수 있습니다.

　정말 공부를 잘했던 학생이나 저명한 학자들을 보면 자신이 집중하는 과제를 일상에서도 꾸준히 생각하고 고민합니다. 이런 작은 습관이 우리 무의식에 영향을 주고, 우리 뇌는 그런 경험에 맞춰 공부에 최적화됩니다.

● 잠들기 전, 공부한 것을 떠올려라

　잠들기 전에 오늘 했던 공부를 떠올리세요. 오늘 배운 내용을 잊지 않고 장기기억에 저장되도록 우선순위를 조정하기 위해서 말입니다. 잠자기 전뿐만 아니라 공부 시간 외에 일상적인 시간에서도 공부한 내용을 자주 떠올린다면 효과가 훨씬 더 좋을 겁니다. 이런 생활을 반복하면서 일상에서도 꾸준히 공부를 떠올리는 습관이 생길 것이고, 그렇다면 무의식 상태에서도 엄청난 학습효과를 얻게 되겠지요.

이런 습관을 들이면 공부 외에도 많은 이점을 얻을 수 있습니다. 우선 창의성이 높아집니다. 인지심리학자 길포드 Joy Paul Guilford 는 창의성이 크게 두 가지 사고로 구성된다고 했습니다. 바로 확산적 사고와 수렴적 사고입니다. 확산적 사고는 브레인스토밍처럼 아이디어를 자유롭게 떠올리는 것이고 수렴적 사고는 논리적, 비판적으로 사고하는 능력입니다. 일상생활에서 특정 과제에 대해 꾸준히 생각하고 고민하는 습관은 이러한 확산적·수렴적 사고를 모두 자극하여, 오랫동안 고민하던 문제를 의외로 쉽게 해결하는 아이디어, 즉 창의성을 풍부하게 해줍니다.

뿐만 아니라 무의식을 활용함으로써 통찰력도 키울 수 있습니다. 다양한 환경과 장소에서 특정 과제에 대해 고민하고 생각하면서 뇌의 수많은 부분을 활용하게 됩니다. 공부에서 주로 사용하는 뇌 영역은 좌뇌의 언어영역과 전두엽인데요. 이동하거나 운동할 때도 계속 무언가에 대해 고민하고 생각하면 우뇌가 활성화됩니다. 좌뇌에 세세하게 나무를 보며 순차적으로 정보를 처리하는 능력이 있다면 우뇌에는 멀리서 숲을 보며, 각각의 문제를 연결해서 보는 능력이 있지요. 따라서 좌뇌와 우뇌를 번

갈아 사용하면 다양한 문제를 연결해서 보는 통찰력이 풍부해집니다.

● 효율을 높이는 자투리 시간 활용법

잠깐 쉬는 시간이나 공부 장소로 이동하는 시간에 여러분을 무엇을 하시나요? 아마 대부분의 사람이 스마트폰으로 SNS를 하거나 인터넷 서핑을 하면서 다양한 정보를 접할 것입니다. 이때 우리 뇌에서는 어떤 일이 일어날까요?

정보가 뇌에 들어올 때는 시상이라는 곳을 반드시 거치게 됩니다. 시상은 정보의 거름망 역할을 하는 곳으로, 수많은 정보 중 필요한 정보와 불필요한 정보를 분류하고 정리합니다. 마치 유튜브의 추천 알고리즘이 내가 본 영상과 관련된 영상을 추천하듯이, 내가 자투리 시간에 무엇을 하느냐에 따라 그와 관련된 생각이 우리 뇌에 가득 차게 됩니다. 불필요한 정보가 너무 많이 들어오면 시상에 과부하가 걸리고, 뇌는 급속도로 피로해집니다. 이후에 공부해봐도 집중력을 발휘하기 어려워지지요.

더 큰 문제는 이것이 공부의 흐름을 끊는다는 것입니다. 반대로 말하면 자투리 시간은 공부의 흐름을 연결해주는 시간이 됩니다. 이전의 공부와 이후의 공부를 연결해주는 다리가 되는 거지요.

서울대학교 황농문 교수는 『몰입』이라는 책에서 특정한 생각을 일상에서 계속 유지하는 것이 바로 몰입이라고 정의했습니다. 자투리 시간을 잘 활용해서 공부에 대한 생각이 일상에서 계속 이어지면 의식적인 공부뿐 아니라 무의식에서도 학습효과가 이어지게 됩니다. 즉 잠재적인 공부 시간이 비약적으로 늘어나는 것이지요.

공부를 잘하는 학생들은 이런 습관이 깊게 자리 잡혀 있습니다. 그래서 같은 시간을 공부해도 더 많이 공부하는 것 같은 효과를 얻는 것이지요. 과연 전교 1등이 매일 밤을 지새우며 공부만 할까요? 그도 우리와 비슷하게 시간을 보낼 겁니다. 다만 효율성에서 엄청난 차이가 나는 것이지요. 모든 수험생에게 시간은 동등하게 주어집니다.

만화 「드래곤볼」을 보면 주인공인 손오공이 '시간과 정신의 방'이라는 독특한 장소에서 수련합니다. 그 방의 가장 큰 특징은 세상과는 시간의 흐름이 달라서 그곳에서 1년이 지나는 동안 바깥은 하루밖에 지나지 않는다는 점입니다. 즉, 똑같은 시간을 가지고 그 방에서는 더 많은 시간을 보낼 수 있는 것이지요. 우리 공부에서도 똑같은 시간을 투자해 더 큰 효과를 내는 방법이 바로 무의식 공부법입니다.

온종일 공부에 대한 생각을 이어가시길 바랍니다. 공부할 시간이 부족하고 공부가 잘 안될수록 더욱 그래야 합니다. 그런 습관이 몸에 밴다면, 손오공이 시간과 정신의 방에 들어간 것처럼 무의식이 우리에게 엄청난 시간과 학습력을 선물해줄 테니까요. 분명 쉬운 일은 아니지만 할 수만 있다면, 내 인생의 3분의 1이란 시간을 더 사용할 수 있는 엄청난 효과를 볼 것입니다.

그럼 자투리 시간에 구체적으로 어떻게 공부를 이어갈 수 있을까요? 우선 어디에서나 간편하게 꺼내서 살펴볼 수 있는 학습 자료가 있어야 합니다. 그 내용은 중요하고 어려운 것, 이해가 잘 안되는 내용이어야 하며, 요약하기를 거쳐 단어장이나 메모지에 핵심 키워드만 적습니다. 스스로 설명하고 녹음한 것도 좋습니다. 앞에서 소개한 재구성 공부법의 결과물을 이용하는 거지요.

이렇게 핵심 키워드만 보고 그 내용을 떠올리거나 유추하는 인출 과정을 거칩니다. 이 시도 자체로도 기억력을 높이는 데 아주 큰 도움이 되고 그 개념을 떠올리는 시도만으로도 공부의 흐름이 연결되는 효과가 있습니다. 또 그 내용을 내가 얼마나 알고 얼마나 모르는지 파악하는 계기도 됩니다.

그런데 이렇게 말하는 사람도 있을 거예요.

"자투리 시간만이라도 하고 싶은 거 하면서 쉬고 싶은데 또 공부 생각을 해야 한다니요?"

물론 쉬운 일은 아닙니다. 만약 자투리 시간을 공부에 활용하기가 너무 힘들고 어렵다면, 최소한 공부의 흐름을 끊는 자극적인 정보를 차단하는 것만이라도 실천해보세요. 여기서 말하는 자극적인 정보란 내 감정을 강하게 흔들어놓는 정보를 뜻합니다. 내가 매우 좋아하거나 싫어하는 글, 사진, 영상 등이 여기에 속하겠지요. 이처럼 감정과 연결된 정보는 단기기억을 거치지 않고 바로 장기기억으로 넘어가는 경우가 많기에 공부에 몰입하고 싶다면 최대한 피하는 것이 좋습니다.

가장 뇌과학적인 공부법이 뭐냐고 묻는다면 무의식을 활용한 공부법이라고 답하겠습니다. 이런 무의식을 활용한 공부에 반드시 필요한 조건이 바로 공부의 흐름을 끊지 말고 유지하는 것입니다. 우리가 뭔가에 실력이 엄청나게 늘었을 때 이렇게 말하곤 합니다. '한동안 푹 빠져 살았다'고 말입니다. 몰입처럼 특정한 생각이 일상에서도 연속되는 상태를 뜻하지요. 심지어 잠을 잘 때조차 말입니다.

공부의 흐름을 놓치지 않고 잘 관리한다면 공부 효율이 지금보다 몇 배는 더 좋아지는 경험을 하게 될 것입니다.

[3]

어휘력 공부법
기본을 다져 이해를 높여라

우리는 공부를 언제부터 싫어하게 되었을까요? 생각해보면 공부라기보다는 책을 싫어한 게 먼저일 수도 있습니다. 보통 공부는 교과서나 자습서와 같은 책을 통해 이루어지는데, 교재에 쓰인 설명 글이 잘 안 읽히고 이해되지 않으니 공부가 지루하고 재미없어졌을 겁니다. 즉 이 모든 것은 어휘력이라는 기본기가 부족했기 때문일 가능성이 큽니다. 그럼 반대로 만약 이 어휘력 문제를 해결하면 공부가 좋아지진 않더라도 적어도 공부하는 게 훨씬 수월해지겠지요.

공부뿐 아니라 스포츠와 같은 우리 일상에서도 기본기의 중요성은 아무리 강조해도 모자랍니다. 아이스하키를 잘하고 싶다면 우선 스케이트를 잘 타야 할 것이고, 축구를 잘하고 싶다면 먼저 열심히 뛰어다녀도 지치지 않을 체력을 길러야 하지요. 공부도 마찬가지입니다.

공부로 좋은 성과를 내는 전략과 공부법을 찾으려 애쓰지만 정작 공부의 기본은 간과하는 사람이 많습니다. 공부를 잘한다는 사람들의 공부법을 듣고 따라 해보지만 생각보다 잘 안되는 경우가 많지요. 그들의 공부법이 잘못된 건 아닐 겁니다. 다만 우리가 놓친 부분이 하나 있습니다. 나의 기본기가 그들과 같다고 판단하는 것이지요.

공부에서 기본이란 바로 '어휘력'입니다. 어휘력은 단어들의 의미를 정확히 알고 다양하게 활용하는 능력을 의미합니다. 똑같은 시간을 공부해도 학생들마다 이해의 정도가 다른 건 어휘력의 차이 때문입니다. 어휘력이 받쳐주지 않으면 아무리 효과적인 공부법을 사용해도 좋은 결과를 얻기 어렵습니다.

앞서 미국의 사회학자 제임스 콜먼의 보고서에서 교과서나 교사와 같은 학교 내적 요인보다 학생의 가정환경이나 부모, 친구 관계와 같은 학교 외적 요인이 성적에 더 큰 영향을 미쳤다는 결과를 기억하지요? 이와 더불어 사회학자 부르디외Pierre Bourdieu와 번스타인Basil Bernstein도 학생의 문화자본이나 언어가 성적에 큰 영향을 미친다는 연구 결과를 발표했습니다. 결국 학생 주변에 어휘력이 높은 사람이 얼마나 있고, 그런 사람들과 얼마나 상호작용하느냐에 따라 학생의 어휘력도 달라지며 그 어휘력이 성적에 결정적인 영향을 준다는 것입니다. 언어는 우리 뇌에서 '상징'으로 인식됩니다. 언어가 있으므로 인간은 현재 눈앞에 없는 것을 있는 것처럼 이야기할 수 있고, 언어가 있으므로 '만약에' 같은 가정을 할 수 있지요. 그렇기 때문에 연역적 추론을 할 수 있고, 그래서 인간은 지구에서 가장 가까운 달밖에 못 가봤지만 지구에서 몇 백 광년이 떨어진 행성들과 관련된 여러 사실을 밝혀낼 수 있었지요.

또한 어린아이들은 어휘 폭발기를 거치면서 사고력이 급격하게 발달합니다. 인지심리학자 비고츠키 Lev Semenovich Vygotsky는 '언어는 사고의 필수 도구'라고 했습니다. 그만큼 언어가 인지발달을 주도하고 사고능력에 기초가 되는 것이지요.

이처럼 어휘력은 글을 읽고 이해하는 독해 능력에 영향을 미치고, 독해 능력이 뛰어난 학생은 배운 내용을 바로 이해하는 데 수월하니 공부도 잘하게 됩니다. 반대로 어휘력이 낮은 학생은 상대적으로 공부에 더 큰 노력이 필요하겠지요. 헷갈리거나 모르는 어휘들이 연속해서 나오면 글의 내용이 이해되지 않으니 책만 보면 졸음이 몰려오게 되는 것입니다. 그렇게 부정적인 경험을 반복적으로 겪다 보면 책이나 공부에 대한 인식마저 나빠지게 됩니다. 흔히 '공부는 내 체질이 아니야', '난 책이랑 안 맞아'라고 말하는데 원인은 바로 어휘력 부족입니다.

어휘력 문제는 국어뿐 아니라 영어나 수학 등 다른 영역의 공부에도 영향을 미칩니다. 먼저 영어의 예를 들어보지요. be 동사와 문장의 형식을 배울 때는 먼저 국어의 9품사나 문법을 제대로 알고 있어야 합니다. 국어에서 '동사'가 어떤 개념인지도 모르는데 영어에서 be 동사와 부사를 배워봤자 이해하기 어렵지요. 또 영단어 'offset'은 우리말로 '상쇄하다'라는 의미인데, 만약 '상쇄하다'라는 어휘를 잘 모르거나 헷갈린다면 영단어의 뜻을 제대로 이해할 수 없습니다.

어휘력과 거리가 멀어 보이는 수학이나 과학도 마찬가지입니다. 수학이나 과학도 결국 국어로 배우기에 어휘력이 낮으면 개념을 이해하기 어렵고, 시험에서는 국어로 설명된 질문과 문제들을 이해하기도 힘들지요.

어휘력을 키우는 가장 확실한 방법

그럼 어휘력은 어떻게 키울 수 있을까요? 다들 알겠지만 우선 책을 많이 읽어야 합니다. 그 이유는 설명할 필요도 없을 만큼 다들 알고 있을 거예요. 많은 책을 읽으면서 새로운 단어를 접하다 보면 어휘력은 자연스럽게 늘어납니다. 그렇다고 공부할 시간도 부족한데 무조건 어휘 공부에 매달리란 말은 아닙니다. 공부를 정말 열심히 했는데도 성적이 오르지 않거나 논술이나 서술 시험에서 글이 잘 안 써진다면, 조금 돌아가더라도 어휘력을 점검하고 가자는 거지요.

하지만 이렇게 얘기하면 많은 수험생이 한숨을 쉴 것입니다. 독서는 어휘력을 늘리는 가장 확실하고 기본적인 방법이지만 이게 하루아침에 되는 것은 아니기 때문이지요. 어릴 때부터 꾸준히 독서해온 사람의 어휘력을 따라 잡는 건 거의 불가능에 가까운 일이고요. 그나마 아직 공부를 제대로 시작하기 전이고 당장 시험을 치르는 게 아니라면 몇 년간 꾸준히 독서하며 어휘력을 높일 수 있습니다. 물론 시험일이 정해진 수험생이라면 과목 공부가 아닌 독서에 시간을 쏟기란 현실적으로 어렵습니다. 시험과 관련 없는 책을 읽을 만큼의 시간과 마음의 여유를 지닌 사람은 거의 없을 테니까요.

그렇다면 그동안 독서를 많이 하지 않은 사람이 어휘력을 높일 수 있는 가장 효과적인 방법은 무엇일까요? 우선 앞서 소개한 재구성 공부법을 통해서도 어휘력을 키울 수 있습니다. 긴 내용의 문장을 몇 가지 어휘로 요약하거나 정리하다 보면 적절한 어휘를 찾게 되는데, 이 과정에서 어휘력은 비약적으로 향상합니다. 직접 설명하며 공부하는 것도 어휘력을 높이는 데 도움이 됩니다. 배운 내용을 이해해서 정확한 어휘를 적절하게 사용하여 설명하면서 어휘력은 크게 상승합니다.

또 하나의 방법은 회독입니다. 회독은 책을 반복해서 읽는 공부법입니다. 교재를 여러 번 읽으면서 시험에 필요한 개념과 어휘만을 단기간에 빨리 익힐 수 있기에 독서만큼은 아니라도 어휘력을 키우는 차선책은 될 수 있습니다. 현실적이고 빠른 방법이지요. 이런 과정을 거치다 보면 어휘력이 자연스럽게 늘게됩니다. 회독에 대해 좀 더 자세히 알아봅시다.

● '책을 씹어 먹는다'는 말의 의미

'책을 씹어 먹는다'라는 말을 들어본 적 있나요? 여기서 '씹어 먹는다'라는 표현에는 크게 두 가지 의미가 함축되어 있습니다. 책 속의 모든 개념을 이해하고, 더 나아가 암기까지 완벽하게 해낸다는 뜻입니다. 이런 수준에 오르기 위해 쓰는 방법이 바로 '회독'입니다.

회독이란 기본서나 교과서, 단권화 노트, 문제집 등과 같은 자료를 반복적으로 읽는 공부법으로, 회독하는 횟수에 따라 1회독, 2회독, 3회독… 등 숫자를 붙여 표현합니다. 이때 독서 기법으로 흔히 알려진 훑어보기, 정독, 속독 등을 활용하지요.

많은 수험생에게 회독 공부법이 사랑받는 이유는 다른 공부법에 비해 실천하기가 상대적으로 쉽고, 시험 초기와 시험 직전까지 일관된 방식으로 실행하면 된다는 편의성 때문일 겁니다. 사실 다른 공부법들도 무척 효율적이지만 시험일이나 방학 등 상황에 따라 조금씩 변형하며 활용해야 하고, 공부법에 맞춰 복잡한 시간 계획을 세워야 해서 높은 수준의 메타인지가 요구되지요.

회독 공부법에서 가장 중요한 것은 1회독입니다. 1회독을 할 때는 아직 어휘력이 부족한 상태여서 내용을 이해하는 데 어려움을 겪기 쉽습니다. 그래서 1회독 때 가장 오랜 시간이 걸리고 많은 노력이 필요하지만 이를 통해 어려운 어휘에 점차 익숙해질 수 있습니다.

그런데 이런 질문을 하는 사람이 있습니다.

"회독을 하다가 모르는 어휘가 나오면 뜻을 다 찾아보고 이해하며 진행해야 하나요? 아니면 그냥 무시하고 진도를 나가서 회독을 마칠까요?"

1회독을 한다고 해서 몰랐던 단어를 다 알게 되진 않습니다. 다만 모르는 단어라도 앞뒤 문장들을 읽었기 때문에 맥락을 통해 뜻을 가늠하는 능력이 커집니다. 그럼 모르는 단어를 일일이 찾아보지 않아도 될까요? 만약 10쪽을 읽는 동안 모르는 어휘가 몇 개 나오지 않았다면, 각 어휘의 뜻을 파악하고 진도를 나가는 것이 좋겠지만 1쪽만 읽어도 모르는 어휘가 몇 개씩 나오고 진도를 나가는 데 생각보다 시간이 너무 오래 걸린다면 회독 수를 늘리더라도 일단 모르는 단어를 무시하고 그냥 진도를 계속 나갈 것을 추천합니다.

스스로 어휘력이 많이 부족한 수준임을 인지하되, 일단 이 책과 친해져야겠다는 생각으로 1회독을 완성하는 데 집중하는 게 좋습니다. 다만 너무 자주 등장하는 특정 어휘가 있다면 그 어휘만큼은 찾아보는 것을 권합니다. 또 인터넷 강의를 통해서 매일 정해진 진도를 나가는 경우라면 어휘를 매일 확인하기 좋습니다. 정확한 어휘를 몰라도 강의를 들으면서 강사들의 맥락적 설명 덕분에 그 어휘를 이해하는 데 도움이 되기 때문입니다. 문장 속에서 어휘의 뜻을 계속 유추하면서 맥락을 이해하게 됩니다.

그렇게 겨우 1회독을 마쳤다고 해봅시다. 그럼 독서에 지쳐서 2회독 할 힘이 없지 않을까요? 그런데 신기하게도 우리 뇌는 그걸 가능하게 합니다. 바로 도파민 덕분이에요. 도파민은 힘들게 뭔가를 해낼수록 더 많이 분비된다고 했지요. 1회독을 끝내면 도파민이 나오면서 뇌를 각성시켜 의지력을 키워주고, 착한 중독을 만들어 이것을 습관화하는 데 도움을 줍니다. 또한 회독을 거듭하다 보면 점차 이전보다 더 적은 노력으로 더 빨리 이해할 수 있게 됩니다. 그래서 회독 공부법을 안 해본 사람들은 7회독, 10회독 하는 사람들을 보면 신기해하지만 일단 1회독만 성공하면 그다음은 그리 어렵지 않습니다.

어휘력이 어느 정도 늘어서 내용을 다 이해할 수 있게 되면 글에서 중요한 부분을 찾아 밑줄이나 동그라미 등으로 표시하세요. 이렇게 표시한 것들을 모아 요약하면 바로 앞서 설명한 단권화 노트가 됩니다. 물론 아직 이해가 완벽히 되지는 않더라도 반복적으로 등장해 중요한 내용이라고 생각된다면 표시해도 됩니다. 또는 강사나 선생님이 평소에 강조하는 내용을 표시하면 좋겠지요.

어떤 사람들은 2회독이나 3회독 때부터 중요한 내용에 밑줄을 그어야 한다며 그 방법까지 구체적으로 알려주던데, 저는 그것을 추천하지 않습니다. 어휘력의 수준은 사람마다 다르니까요. 어떤 사람은 2회독 만에 핵심 내용과 보조 내용을 구별하는가 하면, 3번 이상 읽어도 아직 그 책의 어휘와 친숙해지지 않은 사람도 있지요. 그래서 내용이 점차 어느 정도 이해되고, 어떤 게 중요한지 스스로 감이 올 때 줄을 긋기 시작해야 합니다.

● 내 수준에 맞춰 회독하는 요령

회독 공부법에서 횟수는 중요하지 않습니다. 10회독이든 100회독이든 중요한 건 자신의 어휘력에 맞게 하는 것입니다. 같은 시험을 준비하면서도 3회독만 해도 충분하다고 말하는 합격생이 있고 10회독은 되어야 충분하다 말하는 합격생도 있지요. 내 어휘력과 각 과목의 특성에 따라 회독 수는 달라집니다.

특정한 과목을 회독하며 어휘력이 향상했다면 비슷한 과목을 공부할 때도 긍정적인 영향을 줍니다. 예를 들어, 교육학의 '교육심리'라는 과목을 회독 공부했다면 이 과목에서 접한 관련 어휘들은 교육과정, 교육행정 등 비슷한 영역을 배우는 다른 과목에서 또 다시 언급되는 경우가 많습니다. 그러므로 유사한 과목을 공부할 때 1회독은 그리 고통스럽지 않겠지요.

여러 과목을 한꺼번에 회독할지, 순차적으로 회독할지 고민하는 분도 있는데요. 시험을 준비하는 초기에는 비교적 시간이 많고 과목에 대한 이해도가 떨어지기 때문에 정확한 이해를 위해 한 과목씩 순차적으로 회독하는 것이 좋습니다. 하지만 시험이 얼마 남지 않은 시점에서 회독의 목적은 이해가 아니라 암기이기 때문에 전체 과목을 동시에 빠른 주기로 확인하여 망각되는 기억을 주워 담는 게 중요합니다.

회독 공부법이 처음 소개된 당시 회독할 자료는 반드시 기본서나 교과서 같은 책이었습니다. 하지만 많은 수험생이 회독 공부법을 사용하면서 그 대상과 방법은 다양하게 변해왔습니다.

어떤 자료를 선택하든 장단점은 있기 마련인데요. 기본서나 교과서를 회독 대상으로 선택했을 때는 모든 개념을 빠짐없이 볼 수 있으며, 중요한 개념의 앞뒤 맥락을 파악할 수 있으므로 깊은 이해에 큰 도움이 됩니다. 하지만 단점도 있습니다. 우선 빠짐없이 많은 개념이 있다는 말은 그만큼 공부할 분량이 많다는 것이고, 한 번 회독하는 데 시간이 오래 걸린다는 뜻입니다. 시험이 코앞인 상황에서는 엄청난 단점이 될 수 있지요. 그래서 기본서로 회독하는 수험생들은 단권화 노트를 따로 만들거나 시중에 파는 요약집을 사서 공부하기도 합니다.

직접 요약한 단권화 노트나 서브 노트 또는 시중에 파는 요약집은 기본서나 교과서에 비해 분량이 적고 중요한 개념만 정리되어 있으므로 빨리 회독하고 암기할 수 있습니다. 특히 시험을 앞둔 상황에서 암기를 목적으로 짧은 시간 안에 많은 과목을 빠르게 확인하는 데 유용하지요. 그러나 자세한 설명보다는 개념만 간단히 요약되어 있으니 처음에는 그 내용을 이해하기 힘들 수 있습니다. 암기에 유리한 것도 내용을 완전히 이해했을 때의 이야기입니다. 이해가 부족한 상황에서는 요약집 회독보다는 개념 설명을 찬찬히 읽고 살펴보는 것이 먼저입니다.

기출문제집을 회독하는 방법도 있습니다. 이 방법은 공무원 시험이나 수능처럼 검증되고 질 좋은 문제집이 시중에 많은 시험에는 적합하지만, 검증된 기출문제집이 많지 않다면 신중해야 합니다. 이때 1회독 때는 모든 문제를 풀어보고 2회독 때부터는 틀린 개념을 중심으로 회독합니다. 모든 문제를 다 보는 게 아니라 내가 자주 틀리거나 어려워하는 문제 유형 또는 개념이 포함된 문제를 중심으로 회독을 해나가는 것이지요. 이렇게 하면 자신의 약점을 파악할 수 있고, 문제의 감을 익힐 수 있습니다. 다만 이때는 정확한 개념을 확인하기 어렵다는 단점이 있습니다. 그래서 부족한 개념을 보완하기 위해 기본서와 단권화 노트를 함께 회독할 수도 있습니다.

이 외에도 다양한 자료를 회독할 수도 있습니다. 자료를 선택할 때 가장 중요한 기준은 이해, 암기, 적용 중 어떤 부분에 중점을 두느냐입니다. 이번이 첫 회독이고 이해를 위한 공부라면 내가 듣고 있는 강의에 맞춰 기본서나 교과서를 선택하는 것이 좋고, 시험까지 시간이 얼마 없고 어느 정도 개념 이해까지 이루어진 상황이라면 효과적인 암기를 위해 요약된 자료를 회독해도 괜찮습니다. 또 암기는 어느 정도 되었지만 문제에 적용하는 능력이 부족하다면, 기출문제집이나 모의고사들을 모아 풀어보고 틀린 문제를 중심으로 회독한다면 문제를 해결하는 감을 익힐 수 있지요. 결국 현재 내 수준을 파악하고, 내게 필요한 회독이 어떤 것인지 판단해야 합니다.

회독을 거치며 공부 흔적으로 손때 묻은 자료들은 시험이라는 긴 싸움에서 큰 힘이 되어주고, 우리가 앞으로 한 걸음 더 나아갈 수 있게 도울 것입니다.

짧은 시간에 최대한 많은 정보를 흡수하는 법

짧은 시간 안에 방대한 양의 개념과 정보를 이해해야 하는 고시생, 대학생, 그리고 직장인들은 항상 같은 고민에 빠지게 됩니다.

'어떻게 하면 부족한 시간에도 많은 내용을 이해하고 기억할 수 있을까?'

실제로 고시생들은 보통 하루에만 몇 시간, 많게는 10시간 이상의 강의를 듣습니다. 이를 제대로 정리할 시간도 없이 그다음 날에도 많은 양의 강의를 또 들어야 합니다. 대학생들의 경우에도 전공책의 방대한 내용을 짧은 시간 안에 공부하고 중간, 기말고사 또는 쪽지 시험을 치러야 할 때가 있지요. 꼭 공부를 하는 사람이 아니더라도 다양한 정보를 빠르게 비교하고 검토해야 할 때가 많습니다. 정부나 회사에서 새로 내려온 공문을 처리해야 한다거나, 새로운 제도나 법규를 기억해서 생활에서 지켜야 할 때처럼 말입니다.

물론 글을 천천히 정독하면서 이해하고 기억하는 상황이 가장 이상적이지만, 시험까지 주어진 시간이 촉박하고 독해력과 집중력 또한 낮은 상태라면, 낯선 어휘들로 가득 찬 글을 읽고 이해하기란 정말 어렵습니다. 짧은 시간 안에 어려운 개념과 내용들을 어떻게 하면 최대한 쉽게 이해할 수 있는지 뇌과학의 관점에서 특별한 공부법을 제안하고자 합니다.

정리하고 요약하면 저절로 이해된다

이 공부법을 시작하기 위해서는 컴퓨터의 워드나 메모장 같은 문서 프로그램이 필요합니다. 컴퓨터를 사용하는 이유는 내가 공부할 내용을 쉽고 빠르게 복사해서 붙여넣기 위함입니다.

우선, 공부해야 할 내용을 마우스로 긁어서 복사한 다음

워드 프로그램이나 메모장에 붙여넣기를 합니다. 이렇게 내용을 마구 가져와 붙여놓으면 단락이나 문장 구별이 어려울 겁니다. 그래서 지금부터 우리가 할 행동은, 이처럼 복잡하게 늘어진 문장들에 엔터Enter 키를 열심히 치는 것입니다. 복사해서 붙여놓은 이 글들을 한 번에 이해하려고 시도하기보다 내가 읽기 편하게 엔터를 치면서 줄 바꿈 하여 문장을 쪼개는 것이지요. 다음과 같이 말입니다.

길거나 복잡해서 이해하기 어려운 글도

줄 바꿈 하면서 쪼개다 보면

이해하기 수월해집니다.

엔터를 치면서 가독성 좋게 깔끔한 글로 만들어가다 보면 의외로 지루하지도 않고 집중력이 높아집니다. 어렵고 복잡한 글을 읽으며 이해하는 것에 비하면 단순히 글을 읽기 편하게 바꾸고 정리하는 과정은 그리 어렵지 않기 때문입니다.

이렇게 엔터를 열심히 치다 보면 어느새 모든 글이 읽기 편하게 줄 바꿈 되어 있을 겁니다. 이제 내용을 읽기도 편해졌고 이해하기도 조금 더 쉬워졌지요. 그럼 두 번째 할 일은 불필요한 수식어나 조사, 서술어를 없애는 것입니다. 핵심 키워드를 중심으로 요약하는 것이지요. '나는 이 내용에서 핵심 키워드가 무엇인지 모르겠는데?'라고 생각할 수 있지만 그건 걱정할 필요가 없습니다. 수식어, 조사, 서술어를 제외하면 남아 있는 단어들이 바로 핵심 키워드니까요.

이 과정은 문장에서 어떤 단어가 중요한지 파악하면서 불필요한 요소를 제거해야 하므로 엔터를 치는 작업보다 시간이 훨씬 더 걸립니다. 하지만 이렇게 요약하다 보면 내가 공부할 내용이 엄청나게 줄어 있음을 알 수 있을 것입니다. 그렇게 줄어든 내용을 A4 용지 몇 장으로 출력해서 들고 다니며 암기하면 됩니다.

'이렇게 한다고 해서 과연 공부가 될까?'라는 생각이 든다고요? 우리 뇌가 이해나 기억과 같은 인지 활동을 하기 위해서는 반드시 목적이 있어야 합니다. 특별한 목적 없이 하는 행동들은 쉽게 잊히고, 집중력을 높이기도 어렵습니다.

엔터만 치는 행위만 두고 보면 공부에 아무런 도움이 되지 않을 것 같지만, 이 과정은 공부할 내용을 읽기 편한 글로 정리해서 쉽게 이해하기 위함입니다. 엔터 치는 행위는 그 목적을 달성하기 위한 작업이기에 뇌는 무의식중에 글을 파악하려고 노력하게 되고, 독해력이 향상됩니다.

또한 불필요한 수식어나 조사, 서술어를 버리고 핵심 키워드만 남겨놓는 요약의 과정도 뇌의 인지능력을 강력히 자극합니다. 요약이 곧 불필요한 내용을 버리는 작업이듯, 우리 뇌도 집중하거나 학습할 때 가장 먼저 하는 일이 수많은 자극 중에서 불필요한 감각정보들을 걸러내는 작업인데요. 이렇듯 요약이란 전략이 뇌의 인지 활동과 꼭 닮아 있기에 더 깊은 이해를 하는 데 아주 효과적입니다.

이는 회독법과 비슷한 학습효과가 있습니다. 공부할 내용을 훑으며 엔터를 치는 과정에서 1회독이 자연스럽게 되고, 두 번째 요약의 과정에서 2회독이 이루어지는 것이지요. 그렇게 요약되고 정리된 자료를 다 읽어봤다면 적어도 3회독은 되는 셈입니다. 모든 내용을 꼼꼼히 읽기는 어려울 수도 있지만 대략적인 내용은 이해하게 될 것입니다.

읽고 이해해야 하는 글의 양이 방대할 때는 우선 손을 함께 움직이며 뇌를 작동시켜 보세요. 내용을 읽으며 핵심만 추려 정리하는 과정을 통해 자연스럽게 이해력이 높아지고 많은 정보를 흡수할 수 있을 겁니다.

6장

COGNITION
AWARENESS
FLOW
MONITORING
STRATEGY
MINDSET 마인드
HABITUATION

불안을 없애는

최강의

멘탈 회복법

시험이 다가올수록 긴장감은 커집니다.
내가 잘하고 있는 건지 확신이 들지 않고 불안하지요.
불안, 우울과 같은 부정적인 감정 때문에
공부나 일에 집중하기 어려워하는 사람이 적지 않습니다.
특히 수험생활이 길었던 학생들이나
취업 준비가 길었던 직장인들이라면 흔히 겪는 문제입니다.
저 역시 오랜 시간을 공부하면서 무력감, 우울감 등으로
공부에 집중하기 어려웠던 시기가 있었습니다.
이러한 부정적인 감정을 그대로 두면 점점 심화되어서
우리 몸과 마음을 갉아먹습니다. 이번 장에서는
마음을 단단히 다지고 공부에 몰입하는 방법을 알아봅시다.

불안과 우울을
이기는 법

수험생이라면 경쟁 상황을 피하기 어렵고, 타인과 나를 계속 비교하게 됩니다. 특히 모의고사에서 나의 석차를 마주하면 다른 사람들과의 우위가 더 드러나게 되는데, 이로 인해 무력감이나 열등감이 생기기도 합니다. 게다가 시험이 점점 다가올수록 이러한 부정적인 감정은 더 심화되지요.

앞서 기대×가치 이론에서 살펴봤듯이, '내가 과연 잘할 수 있을까?' 하며 계속 의심하고 불안해하는 행위는 합격에 대한 기대를 낮춥니다. 그러면 공부에 집중하기가 더 어려워집니다. 가능성이 없는 목표에는 열심히 노력하지 않게 되기 때문입니다.

감정은 뇌의 안쪽 깊숙한 곳인 변연계에서 담당합니다. 변연계에는 감정의 중추인 편도체와 기억의 중추인 해마가 있지요. 앞에서 살펴봤던 파페츠 회로를 기억하나요? 회로를 따라 반복되면서 점점 더 강력한 기억이 형성되어 부정적인 생각에서 빠져나오기 힘들어진다는 감정의 사이클이었지요. 이처럼 감정의 회로는 우리 기억과 깊게 닿아 있고, 기억은 감정을 통해 점점 더 강력해집니다.

사실 이러한 뇌의 특징은 오래전 인간의 생활 패턴 때문에 만들어졌습니다. 나에게 위험했던, 충격적인 사건과 경험을 감정과 연결해 최대한 잊어버리지 않고, 기억하기 위함이었지요. 위험했던 사건을 최대한 잊지 않아야 이후 비슷한 위험이 또다시 닥쳤을 때 생존할 수 있기 때문입니다. 그러나 지금은 외부의 위험이 거의 사라졌고, 과거 생존 전략이었던 감정과 기억의 고리가 오히려 부작용을 가져오기 시작했습니다.

신경과학자 앨릭스 코브Alex Korb 박사는 그의 책 『우울할 땐 뇌과학』에서 우울한 감정을 '하강 나선'이라고 표현했습니다. 쉽게 말해, 부정적인 생각이 반복될수록 그 감정과 기억은 점점 넓어지고 깊어진다는 뜻입니다. 그리고 우울하고 부정적인 감정의 원인은 '생각하는 뇌'인 전전두엽과 '느끼는 뇌'인 변연계 사이에 작동 오류가 생긴 것이라고 말하는데요. 이런 오류가 발생하면 부정적인 감정을 계속 유지하려는 경향이 생겨 위험하겠지요.

뇌가 존재하는 이유는 생각하기 위함이 아니라 행동하기 위함입니다. 사실 행동하기 위해 생각이란 것을 하게 되었고, 계획도 세우게 되었으며 또 걱정과 고민도 하는 것이지요. 그러나 이러한 뇌의 존재 목적과 달리 생각만 할 뿐 행동하지 않고 통제할 수 없는 일을 계속 떠올리며 매달린다면, 점차 부정적인 생각과 감정이 불어나 결국 하강 나선처럼 깊은 수렁에 빠질 것입니다.

따라서 우리는 부정적인 감정의 하강 나선에서 벗어나 긍정적인 상승 나선으로 갈아타야 합니다. 코브 박사는 그 방법으로 내가 통제할 수 있는 일에 주의를 집중하기를 제안합니다. 내가 처한 상황과 환경을 스스로 통제할 수 있다는 믿음을 가져야 불안하고 우울한 감정에서 벗어날 수 있습니다. 다시 말해, 내가 노력하면 현재 마주한 부정적인 상황에서 벗어날 수 있음을 믿어야 합니다.

공부 흔적으로 자신감 회복하기

부정적인 감정을 긍정적인 영역으로 바꾸려면 먼저 자기 자신에 대한 신뢰를 회복해야 합니다. 사실 불안이나 자신감은 눈으로 보며 확인할 수 있는 대상도 아니니 스스로 어떻게 의지를 다져야 할지 갈피를 잡기 어렵습니다. 그런데 이를 반대로 생각해보면, 자신감과 그동안의 노력을 직접 눈으로 보고 확인할 수 있게 만든다면 우리 뇌가 불안을 극복하는 데 도움이 되겠지요. 뇌는 눈에 보이는 것을 더 믿고, 신뢰하는 경향이 있으니까요.

그래서 제가 제안하는 방법은 내가 공부해서 직접 만든 단권화 노트나 회독한 책을 통해서 자신감을 얻는 것입니다. 공부를 시작하기 전에 단권화 노트를 책상 위에 올려놓고, 스스로에게 이렇게 이야기하는 거지요. "이 노트만 씹어 먹는다면, 난 반드시 합격할 거야"라고요. '지금 어떤 강사의 자료를 봐야 하고, 어떤 공부법을 해야 해'가 아니라 이제까지 내가 만들어놓은 자료에 집중하는 겁니다. 이것이 내 머릿속에 복잡하고 많은 고민을 아주 간단하게 만들어주지요.

이러한 생각은 우리 뇌에 엄청난 자신감을 심어줍니다. 누가 봐도 내 노력으로 열심히 정리해서 만든 단권화 노트, 많은 회독으로 너덜너덜해지고 더러워진 책과 문제집은 나의 노력이 실재화된 것입니다. 그래서 이 자료들을 제대로 본다는 건 지금 내가 할 수 있는 최선의 행동입니다. 그리고 이런 노력은 합격에 더 가까이 가게 만들 것입니다.

지금 내 상황에서 우월감을 느끼게 하는 행동을 실행에 직접 옮기는 것도 좋습니다. 우월감이 불안을 씻겨내고, 다시 공부에 집중하게 해줄 테니까요. 우월감은 자신이 다른 사람들보다 앞서 나가고 있다는 느낌입니다. 힘든 경쟁 상황에서 온전한 정신으로 집중력 있는 공부를 하기 위해서는 다른 사람들보다 내가 앞서 나가고 있다는 우월감이 필요합니다. 예를 들어, 제가 아침 일찍 도서관에 도착해 좋은 자리를 맡고 수많은 텅 빈 의자들을 보며 '내가 다른 사람들보다 공부를 일찍 시작하고 열심히 하고 있구나' 하는 우월감을 느낀 것처럼 말이지요.

이처럼 작은 행동이지만 우리에게 우월감을 주는 행동을 통해 생각보다 큰 의지력이 생기고 이 경쟁 상황을 내가 주도할 수 있다는 자신감이 생깁니다. 결국 내가 잘하고 있다는 생각을 뇌가 인지하게 되고, 그 생각은 내가 틀리지 않았다는 확신을 갖게 하지요. 그리고 그 확신은 합격에 대한 기대를 높여줍니다. 뇌과학적으로 말하자면, 우월감을 느끼게 해주는 행동은 변연계에서 한없이 생성되는 불안한 감정을 줄여주며 더 나아가 도파민을 더 분출해 합격에 대한 기대를 키워줍니다.

내가 모든 것을 통제할 수 있다

공부하며 통제감을 느끼는 것도 불안을 없애는 좋은 방법입니다. 수험생이라면 매일 공부할 과목과 시간을 반드시 계획할 겁니다. 그리고 그중에서도 비교적 노력이 적게 드는 공부 계획과 많이 드는 공부 계획이 있을 겁니다. 예를 들어 오늘 공부하기로 계획한 것들이 수학 3시간, 한국사 1시간, 영어 단어 10개 외우기라면 그중에서 가장 노력이 적게 들고 수행하기 쉬운 영어 단어 10개 외우기를 가장 먼저 하는 것입니다.

그날 공부의 첫 시작으로 내가 가장 어려움을 겪는 수학 3시간을 정한다면, 수학만 붙잡고 온종일 끙끙대다가 통제력이 낮아져 그 뒤에 해야 할 것들도 다 포기하게 되기 쉽습니다. 이와 반대로, 달성하기 쉬운 공부 목표인 영어 단어 10개 외우기로 공부를 시작한다면 적은 노력으로 성공을 경험할 수 있습니다. 이를 통해 통제감이 향상되어 뒤이어 한국사 1시간 공부까지 도전할 수 있는 의지와 힘이 생깁니다.

계획을 조절하는 것도 통제력을 키우는 좋은 방법입니다. 시험이 다가올수록 매일 확인해야 하는 것이 있기 마련입니다. 임용고시 같은 경우에는 시험일이 가까워지면 교육학이나 교육과정에 나오는 내용을 짧게 나눠서 하루에 한 번은 확인해야 감을 잃지 않는데요. 이처럼 매일 반드시 해야 하는 공부를 하지 않고, 뒤로 미뤄둔다면 그날 공부하는 내내 불안이 커집니다. 그래서 매일 해야 하는 공부가 있다면 순서를 앞당겨 빨리 해결해버리는 게 좋습니다. 그 편이 심리적으로 더 안정감을 주고, 통제력도 높입니다.

저는 아이디어가 잘 떠오르지 않을 때는 앞서 소개한 재구성 공부법 중 하나인 설명하기 방법을 활용합니다. 실컷 혼자 강의하고 나면 나도 모르게 부정적인 생각이 사라지고 모든 것을 아는 것처럼 통제감이 가득한 느낌을 받게 됩니다. 좋아하는 글귀나 문구를 키보드로 열심히 타이핑하는 방법도 심리적인 안정을 주더군요.

공부 외의 면에서 통제감을 느끼는 것도 좋습니다. 주변을 정리하거나 청소하는 것도 하강 나선에서 벗어나는 데 도움이 됩니다. 청소하며 주변이 정리되는 과정을 눈으로 직접 확인하면서 자신의 통제력을 직접 확인하게 됩니다. 내 행동으로 인해 주변 환경이 변화했듯이, 내가 이 환경을 언제든지 통제할 수 있으며 더 큰 영향을 줄 수 있는 존재임을 깨닫게 됩니다.

전 농구선수 서장훈 씨는 우리나라 농구 역사에서 최고의 센터였지만, 시합 전에는 항상 불안했다고 고백한 적이 있습니다. 잠도 잘 자지 못하고 정신적으로 많이 힘들어했다고 하더군요.

그것을 극복하기 위해 그는 청소를 했다고 합니다. 집에 있는 물건들을 깔끔하게 정리하면서 불안감을 극복했다는 것이지요. 유명한 축구선수인 데이비드 베컴David Beckham도 통제감을 느끼기 위해 경기 전 모든 물건을 일직선으로 두는 습관이 있었다고 합니다. 물론 이런 행동이 지나친 강박이 되면 안 되지만요.

땀을 흘리며 열심히 운동하는 행위도 통제감을 키우는 데 도움이 됩니다. 운동을 하면 단기적으로는 우뇌가 활성화되고 장기적으로는 건강해진 몸을 눈으로 확인할 수 있지요. 즉, 스스로 몸의 변화를 만들고 통제한다는 느낌이 듭니다. 운동으로 몸이 건강해지는 과정을 직접 확인할 수 있으니 더 오랫동안 운동을 이어가는 힘이 됩니다. 물론 운동도 절대 무리해서는 안 됩니다. 몸이 너무 피로해서 하루를 날리거나 그다음 날까지 여파가 미치는 경우가 있으니까요.

중요한 것은 이런 행동을 일과처럼 꾸준히 해야 한다는 점입니다. 줄곧 시합이 이어져 큰 압박감을 느끼게 되는 운동선수들은 불안감을 없애는 자신만의 독특한 습관을 하나씩 가진 경우가 많습니다. 매 시합 전에 그 행동을 하면서 마음을 다스리는 거지요. 부정적인 감정을 없애주는 행동을 단순히 그때만 잠깐 해서는 효과를 보기 어렵습니다. 루틴으로 만들어 꾸준히 실천하면서 그 힘이 더 강화됩니다.

통제감을 느낄 수 있는 행동을 점차 심화해가는 것도 부정적인 감정을 이기는 좋은 방법입니다. 처음에는 15분 운동, 반년 후에는 30분, 또 반년 후에는 45분 등으로 단계적으로 수준을 높이는 것입니다. 그만큼 우리가 느끼는 통제감도 커집니다.

이렇게 통제감을 느끼면 전두엽이 활성화되어 변연계와의 잘못된 고리를 끊을 수 있습니다. 부정적인 감정을 전두엽이 통제할 수 있게 되는 것입니다. 그러면 우리는 뭔가에 도전하고 노력할 힘을 얻습니다. 다만 '이 방법이 가장 좋다'라는 건 없습니다. 자신의 상황에 맞게, 주변 환경을 변화시킬 수 있는 행동이 무엇이 있는지 아주 작은 것부터 차근차근 찾아보세요.

통제감은 우리를 부정적인 감정으로부터 지키고, 불가능해 보이는 일들을 끝까지 해낼 수 있게 하는 힘이 있습니다. 그러니 가끔 여러분의 가능성을 가로막는 나쁜 감정이 찾아온다면 제가 제안한 일들을 통해 마음의 안정을 찾아보세요.

'지금 내가 잘하고 있나?' 하며 스스로 의심하고 불안해할 필요도 없습니다. 사실 그런 고민을 하는 것 자체가 공부를 제대로 하고 있다는 뜻이지요. 저도 그동안 수많은 합격생을 봐왔지만 합격할 때까지 자신만만한 사람은 극히 소수입니다. 합격생들조차 줄곧 불안해하고, 뭐가 맞는지 모르겠다고 시험 전날까지 고민하곤 합니다. 하지만 고민하지 않은 학생 중에 합격한 사람은 없습니다. 공부하면서 고민하는 것은 당연한 과정이고, 그런 건강한 고민이 합격으로 나아가게 해줍니다.

여러분이 통제할 수 없는 것을 두고 고민하지 마세요. 우리는 신이 아니어서 우후죽순으로 쏟아지는 모든 필살 자료를 전부 보기 어렵고, 본다 해도 암기하기 어렵습니다. 그러니 지금 내가 가지고 있는 자원에서 할 수 있는 최선을 다해야 합니다. 그것이 극도의 불안에서 벗어나는 최선의 방법이며, 내가 원하는 목표에 이르는 가장 현명한 방법입니다.

물론 최선을 다한다고 무조건 합격하리라는 보장은 없습니다. 하지만 내가 가지지 않은 것에 집착하거나 불안해한다면 그 어떤 것도 해낼 수 없습니다. 정답은 여러분이 지금까지 걸어온 발자취에 있습니다.

여러분이 지금까지 해왔던 공부 방법은 틀리지 않았습니다. 지금까지 정말 잘해왔고, 이제 얼마 남지 않았습니다. 마지막까지 조금 더 힘내고, 그동안 최선을 다한 자신을 믿으세요. 그게 어렵다면 내 노력의 흔적이 고스란히 스며 있고 눈에 보이는 자기만의 자료를 믿고 그것에 집중하세요. 반드시 좋은 결과가 있을 것입니다.

믿는 대로 이루어진다는
생각의 효과

얼마 전 한 인터넷 커뮤니티에서 이런 글을 봤습니다. 자신은 공기에 예민한 사람이어서 공기청정기를 샀고, 덕분에 2년 동안 좋은 공기를 마셨답니다. 그리고 이제 더러워진 필터를 교체하려고 공기청정기를 열었는데, 글쎄 필터에 비닐이 씌워져 있지 않겠어요? 그동안 공기의 질이 좋다고 느꼈는데 실상은 필터의 비닐을 제거하지도 않은 채 쓰고 있었던 거지요.

이런 현상을 '플라시보 효과Placebo Effect'라고 합니다. '플라시보'는 라틴어로 '마음에 들게 한다'라는 뜻이지요. 예를 들어 의사가 환자에게 가짜 약을 투여하면서 '효과가 좋은 약'이라고 말합니다. 그럼 환자는 그 약 덕분에 몸이 좋아질 것이라는 믿음이 생기고, 그 기대대로 병이 진짜 호전되는 현상을 플라시보 효과라고 합니다.

"병이 나았다고 느끼는 것도 착각 아니야?"

이렇게 말하는 사람이 있을지 모르겠네요. 그래서 미국의 정신의학자 존 카 주비에타Jon-Kar Zubieta 박사 팀은 대학생을 대상으로 한 가지 실험을 진행했습니다. 약효가 있다고 말하고 진통제 대신 가짜 약을 투입했을 때 뇌에서 어떤 현상이 일어나는지 촬영했지요. 그 결과, 가짜 약이었음에도 실제로 뇌에서 보상체계를 담당하는 측좌핵의 활동이 증가하고 통증을 감소시키는 엔돌핀이 분비되었음을 확인했습니다. 플라시보 효과가 단순히 사람의 주관적인 느낌에 불과한 것이 아니라 실제 뇌에서도 생리적인 변화가 나타난다는 것이었지요.

하지만 이 실험에는 한계가 있었습니다. 실험 대상자가 환자가 아닌 건강한 정상인이었다는 점입니다. 이후 플라시보 효과에 대한 과학적인 연구는 계속되었고, 미국 노스웨스턴 의과대학의 마르완 발리키Marwan Baliki 박사는 퇴행성 무릎 관절염으로 만성 통증을 겪고 있는 환자 95명을 대상으로 임상실험을 진행했습니다. 그중 일부 환자에게는 진통제를, 나머지는 설탕으로 만든 가짜 약을 투여했지요. 그리고 이번에도 뇌 촬영을 통해 뇌가 어떤 반응을 보이는지 관찰했습니다.

그러자 이번에는 전전두엽에 속하는 우측 중전두회가 활성화되는 것을 발견했는데요. 우측 중전두회는 우리 감정과 이성이 만나, 의사결정을 내리는 곳이기도 하지요. 이 연구로 플라시보 효과는 더 이상 심리학의 영역이 아니라 생리학, 뇌과학의 영역이라는 결론을 낼 수 있었고 플라시보 학회가 만들어졌을 정도로 지금도 연구가 활발하게 이루어지고 있습니다.

플라시보 효과와 정반대로, 부정적인 믿음 때문에 실제 부정적인 영향을 주는 사례도 있습니다. 이것을 '노시보 효과Novebo Effect'라고 합니다. '노시보' 역시 라틴어로 '해를 끼치다'라는 뜻입니다. 플라시보 효과가 긍정적 믿음과 기대로 인해 실제 몸이 좋아지는 현상이라면 노시보 효과는 약의 부작용에 관해 듣고, 그 부작용이 생길 것이라는 부정적인 기대로 인해 실제로 부작용과 비슷한 현상이 나타나는 것입니다.

노시보 효과는 스트레스에 대한 인식까지 바꿨습니다. 미국에서 8년 동안 성인 3만 명을 대상으로 스트레스와 사망 위험률의 상관관계에 대한 연구가 있었습니다. 작년 한 해 동안 경험한 스트레스가 얼마나 컸고, 스트레스가 건강에 얼마나 해롭다고 믿는지 질문했지요. 연구 결과, 스트레스를 아주 많이 받았다고 대답한 사람들은 사망 위험이 40% 이상 증가했습니다. 그런데 이때 주목할 점은 스트레스가 건강에 해롭다고 믿었던 사람들의 사망 위험이 특히 높았다는 사실입니다. 이와 반대로, 아주 많은 스트레스를 받았지만 스트레스가 몸에 해롭지 않다고 믿는 사람들은 사망 위험이 17%나 낮았습니다. 즉 스트레스에 대한 부정적인 인식이 사망률에 영향을 미쳤다는 겁니다.

이처럼 우리가 어떻게 믿느냐에 따라 그 기대의 효과가 신체적으로 또는 정신적으로 나타납니다. 우리의 믿음과 기대에 따라 성공과 실패의 결과에도 충분히 영향을 미칠 수 있는 거지요. 그럼 이렇게 말하는 사람이 있을 겁니다.

"그렇게 믿는 것이 어디 쉬운 일이냐고요."

절대 쉽지 않지요. 하지만 최근 연구에서 가짜 약이란 걸 알았음에도 플라시보 효과가 나타났다는 사례가 많습니다. 온전히 믿지 않아도, 막연히 잘될 거라는 기대를 갖는 것으로도 효과가 있다는 겁니다. 물론 온전히 믿는 것보다는 효과가 작겠지만요.

긍정적인 태도가 무엇보다 중요한 이유는 이후 행동에도 큰 영향을 미치기 때문입니다. 어느 초등학교에서 한 교사에게 학생 8명을 추천했습니다. 똑똑한 학생들이니 잘 지켜봐달라고 말하면서 말이지요. 사실 그 학생들은 평범한 지능을 가진 학생들이었습니다. 플라시보 효과처럼 교사를 속인 것이지요. 그런데 신기하게도 그 8명은 몇 달 뒤 치른 시험에서 상위권 점수를 받게 되었습니다. 그들이 똑똑한 학생이라고 믿은 교사의 기대 덕분에 교사가 학생을 대하는 행동까지 달라졌기 때문입니다. 수업 시간에 그 8명의 학생과 좀 더 자주 눈을 마주친다거나 과제나 수업에 대한 피드백에도 정성이 더 들어가거나 하는 식으로 말이지요. 교사의 기대를 받은 학생들도 교사를 실망시키지 않기 위해 더 열심히 공부해서 결국 성적이 향상되었던 것입니다.

플라시보 효과를 보인 환자들도 마찬가지일 겁니다. 나을 거라는 의사의 말을 믿고, 자신의 병이 괜찮아질 것이라는 기대가 생겼을 것입니다. 그 약이 가짜든 진짜든 그 기대는 건강에 도움이 되는 행동들을 하게 만들었을 거예요. 약을 먹는 것과 함께 식단 조절이나 운동 등을 해서 건강에 더 좋을 영향을 미쳤겠지요.

● **강력한 자기 암시가 결과를 이끈다**

그럼 우리 수험생들은 이 플라시보 효과를 어떻게 활용할 수 있을까요? 저는 그 해답의 단서를 언젠가 SNS에서 접한 글귀에서 발견했습니다. '행복해지는 방법'이라는 제목의 글이었는데 많은 사람이 공감하고 공유하더군요. 이처럼 실제로 행복해질 것이라 믿는 기대가 있고 그에 따라 행복해지기 위해 행동한다면 정말 행복감을 느끼게 됩니다. 즉, 낙관적이고 긍정적인 태도를 지니는 것이 매우 중요합니다.

더 큰 플라시보 효과를 얻고 싶다면 믿게 만드는 과정에 집중해야 합니다. 앞서 믿음과 기대가 긍정적인 영향을 주었고, 이후 건강해지거나 성공하기 위한 행동을 하게 된다고 했지요. 결국 믿음과 기대를 가지려면 믿게 만드는 과정이 필요한 것입니다. 저 역시 유튜브 영상을 만들 때 가장 고심하는 부분이 바로 '어떻게 하면 우리 일상에서 접해왔던 정보들과 그 원리를 돌이켜보고 믿게 만들 수 있을까'입니다. 이를 통해 여러분이 더 믿게 되고, 이후의 행동 변화까지 가져올 수 있기 때문입니다.

마지막으로 강력한 자기 암시가 필요합니다. 한번 마음먹었다고 끝까지 가는 사람은 없습니다. 반드시 한 번은, 아니 몇 번은 고비를 만나게 되지요. 이때 플라시보 효과를 일으킬 수 있도록 꾸준히 자기 암시를 해야 합니다. '이게 효과가 있겠어?'라고 생각한다면 정말 효과가 없을 거예요. 앞서 말했듯, 믿음과 기대가 없으면 그 뒤에 따르는 행동의 변화도 없기 때문입니다. 그러므로 꾸준히 자기 자신에게, 아니 뇌에게 암시를 줄 필요가 있습니다. 그것이 습관이 되면 진짜로 믿고 있는 나를 발견할 수 있을 것입니다.

이렇듯 어떤 사실을 믿으면 그에 따른 결과를 기대하게 되고, 그 기대는 우리를 행동하게 만듭니다. 그리고 그 행동은 성공이라는 결과에 더 가까워지게 만들어주지요. 그래서 성공을 믿게 만드는 긍정적인 태도와 그 과정이 중요합니다. 그리고 그 믿음이 꾸준히 지속되기 위해 자기 암시가 필요합니다. 여러분이 목표한 것을 이루기 위해 행동이 변화한다면 주변 사람들도 그것을 눈치 채게 됩니다. 앞서 교사가 8명의 학생에 집중했듯이 주변 사람들도 여러분을 믿고 기대하는 것이지요. 그렇게 되면 더 큰 힘을 얻을 수 있고, 언젠가 여러분은 반드시 목표에 도달해 있을 것입니다.

공부의 동력이 될
스트레스 활용법

우리에게 스트레스란 어느새 뗄 수 없는 단어가 된 듯합니다. 본래 '스트레스Stress'란 '긴장' 또는 '팽팽하다'라는 뜻의 라틴어로 1920년대까지는 물리학 용어로 사용했는데, 지금은 괴롭고 힘든 상태를 뜻하는 말로 쓰이고 있습니다. 스트레스는 우리를 도대체 어떻게 괴롭히는 걸까요?

우리가 스트레스를 받으면 가장 먼저 뇌를 통해 스트레스를 인지하고, 이후에 부신에서 스트레스에 대항할 다양한 호르몬을 분비합니다. 그중 가장 유명한 건 코르티솔Cortisol입니다. 코르티솔은 당과 지방을 에너지로 전환하여 위험에 민첩하게 대응하는 동시에 음식의 소화나 생리현상을 억제합니다. 그래서 고도로 긴장하거나 큰 스트레스를 받으면 속이 불편해지기도 하는 것이지요.

스트레스를 받을 때 부신에서는 DHEA라는 Dehydroepiandrosterone 호르몬도 분비됩니다. DHEA는 코르티솔과 다르게 스트레스 반응으로 인해 억제되고 손상 입은 우리 몸을 회복해줍니다. 스트레스라는 전쟁에서 폐허로 변한 몸과 정신을 회복시키는 역할이지요. 그래서 요즘 많은 뇌과학자와 인지심리학자들이 이 DHEA에 주목하고 있습니다. DHEA가 우리가 말하는 자기 계발, 즉 도전과 성장이란 단어에 가장 적합한 호르몬이기 때문입니다.

코르티솔 대비 DHEA의 비율을 '스트레스 반응에 대한 성장 지수'라고 합니다. DHEA 수치가 올라가면 스트레스를 받더라도 큰 문제없이 생활할 수 있습니다. 학생이나 학자들이 장기간 공부하면서 만성적인 스트레스를 받지만, 그 와중에도 집중력을 유지할 수 있는 이유가 바로 DHEA 호르몬 때문입니다.

스트레스에 대한 우리 몸의 반응은 크게 두 가지로 분류할 수 있습니다. 하나는 도전 반응이고 다른 하나는 투쟁-회피 반응입니다. 예를 들어 원시인들이 사냥을 나갔다가 맹수를 만났을 때는 두 가지 선택지가 발생합니다. 이길 만하면 싸울 것이고,

안 되겠다 싶으면 도망갈 것입니다. 마찬가지로 스트레스를 어떻게 인지하느냐에 따라 우리는 상반된 반응을 보입니다.

만약 어떤 사건을 심각한 문제나 위기로 판단한다면 우리 몸은 투쟁-회피 반응으로 연결됩니다. 일차적으로 교감신경을 활성화하고, 그럼 심장이 더 빠르게 뛰면서 근긴장도가 높아지며, 뇌도 높은 수준으로 각성되어 민첩함과 빠른 상황 판단력을 지니게 됩니다. 이때 만약 상대가 너무 강해서 위험이 너무 크다고 느껴지면 경직되고 무기력해집니다. 스트레스를 너무 강력한 적으로 판단해 아무것도 못 하는 거지요.

이와 반면에, 극복하기 어려운 사건을 만나더라도 내가 견딜 수 있고 이길 수 있다는 판단이 서면 도전 반응으로 연결됩니다. 회피 반응은 생존과 관련한 코르티솔이 과잉 분비되는 것이고, 도전 반응은 불편함을 성장의 계기로 삼는 DHEA가 많이 분비되는 상황입니다. 코르티솔에 비해 DHEA 호르몬이 많아지면 성장지수가 높다고 했는데요. 결국 성장지수가 높다는 것은 만성적인 스트레스 상황에서도 높은 집중력과 의지력을 유지하고 건강까지 지킬 수 있다는 뜻입니다.

그리고 DHEA는 스트레스 상황이 끝나면, 회복의 일환으로 뇌 신경가소성을 증가시킵니다. 신경가소성이란 다양한 경험에 따라 뇌신경이 재배치 또는 재구성되는 것이지요. 스트레스

또한 뇌에게 있어 인상적인 사건이므로 이 경험을 통해 배움을 얻으려고 합니다. 다음에 또 이런 어려움을 만났을 때 더 잘 대처하기 위해서 말입니다. 스트레스를 어떻게 인지하느냐에 따라 분비되는 스트레스 호르몬의 비율이 달라지고, 그 비율에 따라 스트레스는 만병의 근원이 될 수도, 성장의 기회가 될 수도 있다는 것입니다.

● 만성 스트레스는 규칙성으로 대응하라

스트레스라는 용어의 뜻을 재정립할 필요가 있습니다. 스트레스는 단기 스트레스와 만성 스트레스로 분류할 수 있습니다. 단기 스트레스는 오히려 삶에 활력을 주고, 집중력도 높여주기 때문에 전혀 문제가 없습니다. 저 같은 경우 약간의 스트레스를 이용해 흐리멍덩한 뇌를 높은 각성수준으로 만들기도 합니다.

결국 오랫동안 지속되고, 해결 방안이 딱히 없는 만성 스트레스가 문제입니다. 대부분의 만성 스트레스는 불안과 두려움이란 감정에서 비롯됩니다. 이런 감정이 지속되면 예측 불가능성이 커져서 만성 스트레스가 되는 것입니다.

자폐 범주성 장애 아동들은 특히나 예측 가능성에 취약하니다. 그래서 자폐아동을 위한 특수교육은 최대한 예측 가능한 환경을 만들고 미리 정보를 제공하는 데 초점을 둡니다. 스케줄을 눈에 보이게 적어두고 앞으로의 일과들을 예상할 수 있게 한다거나 일과를 매일 반복함으로써 규칙성을 만들지요.

우리 뇌는 규칙성을 아주 좋아합니다. 규칙성이 복잡한 문제들을 단순하게 만들어주고, 이후의 일들을 예측 가능하게 만들어줍니다. 즉, 매일 반복되는 일과를 통해서 규칙성을 느끼는 것만으로도 뇌는 불안에서 벗어날 수 있다는 것이지요.

우리도 앞으로의 계획을 글로 써본다거나 새로운 취미 등을 만들어 그것에 집중하는 것만으로도 불안을 크게 낮출 수 있습니다. 일과를 만들어 그것을 매일 지키면서 하나의 규칙이 생기고, 예측 가능한 미래가 늘어나 스트레스를 도전 반응으로 만들 수 있습니다. 매일 아침, 같은 시간에 차나커피를 마시는 등의 소소한 일과가 규칙이 되어 삶의 질을 높일 수 있습니다.

스트레스를 받을 때, 나를 힘들게 하는 순간이 찾아왔다고 생각하기보다 이 상황을 극복하고 성장할 때가 되었다고 생각하면 어떨까요? 물론 쉽지 않다는 것을 저도 잘 알고 있습니다. 저 역시 실행하기가 늘 어렵습니다. 하지만 이런 인식의 변화는 정신적, 신체적인 건강에 큰 영향을 미칠 뿐 아니라 여러분을 그 어느 때보다 크게 성장하게 해줄 것입니다.

당신의 노력과 시간이
절대 헛되지 않은 이유

영화 「마이너리티 리포트」에서는 예언자들이 범죄가 일어날 것을 미리 알려줍니다. 그러면 주인공이 범죄 현장으로 출동해 범죄를 막습니다. 영화 속에서는 인간의 행동을 100% 예측할 수 있었고, 인간에게 자유의지란 전혀 없어 보이지요.

그런데 이것이 영화 속 이야기만이 아니었습니다. 독일의 신경과학자 한스 헬무트 코른후버Hans Helmut Kornhuber는 우리가 행동을 하기 직전, 즉 1초 전쯤에 머리뼈 표면에서 나타나는 전기 신호를 발견했습니다. 행동하기 직전에 나타나는 전기신호라 하여 '준비전위'라고 불렀지요.

이후 캘리포니아대학의 벤자민 리벳Benjamin Libet 교수가 준비전위를 규명하기 위한 실험을 진행했습니다. 손가락 움직임을 통해 의지와 동작 사이의 관계를 연구했지요. 실험 대상자의 머리에 뇌파측정기를 붙이고 손가락에 센서를 부착해서 때에 맞춰 손가락을 움직여보도록 했습니다. 그 실험 결과는 꽤 충격적이었습니다.

기존의 의사결정 과정은 행동하기로 결정한 후 행동 직전에 준비전위가 발생하고, 그런 다음 실제로 행동한다고 알려져 있었습니다. 그런데 리벳 교수의 실험에 따르면, 준비전위가 가장 먼저 나타나고 그 뒤에 의사결정(손가락을 움직이겠다는 생각)과 행동(실제로 손가락을 움직임)이 순차적으로 발생했습니다. 우리가 의지를 내보이기도 전에 뇌가 먼저 작동한 것이지요. 이 결과를 두고 리벳 교수는 '우리 인간은 자유의지가 거의 작용하지 않는다'라고 결론 내렸습니다. 모든 행동은 뇌의 명령으로부터 시작된다는 것입니다.

리벳 교수와 비슷한 후속 연구가 2007년에도 또 있었습니다. 독일 막스플랑크 연구소의 존-데일란 하인즈John-Dylan Haynes 교수 팀은 리벳 박사의 실험을 재현했습니다. 그 결과 준비전위가 나타난 시점은 결정을 내리기 무려 10초 전이라는 사실을 확인했습니다. 그리고 실험 참가자가 어떤 것을 선택할지에 대한 예측 성공률도 약 60%가 넘었습니다. 이 실험 결과를 바탕으로 하인 즈 교수팀은 인간은 자유의지로 결정하는 것이 아니라 무의식 적으로 결정을 내리고 있으며, 리벳 박사와 같이 인간에게는 자 유의지가 거의 없다고 해석했습니다. 우리가 말하는 자유의지 란 엄밀히 말하면 뇌의 자유의지인 것이지요.

이런 연구를 보고 많은 분이 실망했을 겁니다. 누군가는 '어 차피 다 정해져 있는데 뭣 하러 열심히 사나'라고 생각할 수도 있지요. 그러나 자유의지에 대한 논란은 절대 쉽게 생각할 문제 가 아니라고 뇌과학자들은 말합니다.

● 의식적으로 지각하며 공부해야 한다는 증거

뇌과학적으로 자유의지에 대해 접근하려면 먼저 의식이란 것을 규명해야 합니다. 우리의 모든 정신활동과 행동은 의식 없 이는 절대 불가능하기 때문입니다. 뇌과학에서 의식은 크게 두 가지 맥락에서 이야기할 수 있습니다. 첫째는 뇌의 전반적인 각 성 상태를 기준으로 한 맥락입니다. 수면이나 전신마취 상태라 면 의식이 없고, 그밖의 경우라면 의식이 있다고 말할 수 있습니 다. 둘째는 의식이 처리하는 내용과 그 과정을 기준으로 한 맥락입니다. 지각한 감각 정보들을 의식적으로 처리하는지 아니면 무의식적으로 처리하는지, 그 방법과 내용에 대한 것입니다.

여기서 우리가 더 주목해야 하는 맥락은 바로 두 번째, 의식과 무의식의 지각입니다. 무의식적 지각은 시각피질에서 시작해 대뇌피질에 도착하고, 200~300㎳ 뒤면 사라집니다. 의식적인 지각 또한 무의식적 지각처럼 시각피질에서 시작해 대뇌피질까지 도달하는 것은 똑같습니다. 그러나 의식적인 지각은 사라지지 않고 오히려 더 증폭되어 그 정보가 전전두피질까지 전달됩니다. 그리고 의식적인 지각은 다시 방향을 틀어 출발한 곳으로 되돌아옵니다. 이때 정보는 뇌의 모든 영역이 접근할 수있는 장소인 전역 작업공간으로 이동하는데, 이 과정이 의식적인 지각인 셈입니다.

쉬운 예로 도서관에 가서 책을 읽고 있다고 생각해봅시다. 책을 읽다 보면 주위에서 문이 열리고 닫히는 소리도 들릴 것이고, 선풍기나 에어컨 바람이 피부에 닿을 수도 있습니다. 이밖에도 공부하는 동안에는 다양한 환경정보를 계속 지각하게 됩니다. 이들은 우리 뇌에서 무의식적 지각으로 처리되는데, 무의식적 지각으로 처리된 정보들은 전전두피질까지 도달하지 않으므로 그 정보가 몇 개든 우리는 크게 신경 쓰지 않습니다. 즉, 그 자극에 주의력이 빼앗기지 않습니다. 마치 어떤 것에 집중하다 보면 주변에서 벌어지는 일들을 전혀 신경 쓰지 않는 것처럼 말이지요.

그럼 의식적인 지각은 어떨까요? 지금 책을 읽고 이해하는 행동이 바로 의식적인 지각입니다. 앞서 말했듯이, 의식적인 지각으로 처리된 정보는 뇌의 공동작업 공간으로 들어가 마치 공유 폴더처럼 뇌의 모든 영역에서 그 정보를 접근할 수 있습니다. 그래서 우리 뇌는 책을 읽으면서 글과 관련된 기억을 꺼낼 수도 있으며, 더 나아가 글에서 묘사하는 것을 머릿속으로 상상할 수 있습니다. 즉 의식적인 지각이 되면, 우리 뇌의 모든 영역을 활용할 수 있다는 말입니다.

또한 무의식 지각은 전전두피질까지 도달하지 못하므로 바람이나 환경소음처럼 여러 가지 감각 정보를 동시에 지각하고 처리할 수 있지만, 의식적인 지각은 오로지 단 하나의 작업만 가능합니다.

● 우리에게는 자유의지가 있다

이 관점에서 보면 준비전위도 무의식적 지각일 가능성이 큽니다. 앞에서 살펴본 리벳 교수의 실험에서 손가락을 이용한 단순 동작의 행동은 전전두피질까지 도달하지 않는 무의식적인 지각에 해당하는 것이지요. 그렇다면 이 실험에서 자유의지에 해당하는 의식적인 결정은 무엇이었을까요?

3장에서 잠시 언급했던 '안와전두피질'을 기억하나요? 전전두엽에 위치하며 가치 판단과 의사결정을 담당하는 부위였지요. 안와전두피질의 양옆에는 이성적으로 목표를 세우고 계획된 일에 관여하는 배외측 전전두피질, 감정의 조절과 기대를 담당하는 복내측 전전두피질이 있습니다. 즉, 최종적으로 가치 판단과 의사결정을 처리하는 안와전두피질이라는 재판관이 있고, 그 양옆에 이성의 기관과 감정의 기관이 재판에서 서로의 주장을 펼치는 셈입니다.

따라서 그 실험의 가치를 인정하고 실험에 참가해도 되겠다고 결정한 것이 의식적인 결정, 즉 실험 참가자의 자유의지에 해당합니다. 반면 실험 내에서 언제 손가락을 움직일지에 대한 단순 선택은 무의식적인 지각과 결정에 해당하는 것입니다. 결국 인간의 자유의지는 중요하다고 판단이 되는 영역에서 주로 사용하게 되며 일상에서 큰 의미가 없는 단순 선택에서는 무의식만으로도 수많은 결정을 하며 영향을 미칩니다.

정신분석학의 창시자 지크문트 프로이트Sigmund Freud는 무의식의 영역은 절대 인간이 알 수 없는 것이지만, 무의식의 영역이라도 노력하면 의식화할 수 있는 기억이 있다며 그것을 '전의식' 이라고 했습니다. 생각해내려는 의식적인 노력을 기울이면 무의식의 영역이더라도 관련된 기억이나 지식이 되살아날 수 있다는 겁니다.

노벨 생리의학상을 수상한 세계적인 신경과학자 에릭 캔델 Eric R. Kandel도 같은 의견입니다. 그는 저서『마음의 오류들』에서 무의식적 정신 과정과 의식적 정신 과정은 상호작용할 수 있으며, 그것이 우리가 세상을 살아가는 데 가장 중요하다고 말합니다. 이처럼 의식과 무의식은 두 개의 차원으로 완전히 분리된 것이 아니라 서로 맞닿아 있으며 미래의 의사결정에도 큰 영향을 미칩니다.

결론적으로 우리의 의사결정에는 의식과 무의식이 서로 영향을 미치고 있으며, 인간에게 자유의지는 존재합니다. 그렇기 때문에 우리는 더 열심히 살아야 합니다. 지금의 노력이 현재 경험에 반영되고 그 경험은 무의식에 조금씩 축적되고 있기 때문입니다. 이렇게 축적된 무의식이 미래에 있을 크고 작은 결정에 영향을 주거나, 스스로 결정하기도 합니다. 즉, 현재를 열심히 살아가는 사람들이 미래에 더 현명한 결정을 할 확률이 높아진다는 겁니다. 여러분이 지금 투자하는 노력과 시간은 절대 헛되지 않습니다.

사 오 칼 럼 6

음악을 들으면서
공부해도 될까?

공부하면서 음악을 들으면 공부가 잘 안된다는 사람도 있고, 반대로 공부가 더 잘된다는 사람도 있습니다. 여러분은 어느 쪽인가요? 뇌과학 관점에서 살펴보면 두 가지 모두 이론적 근거가 있습니다.

먼저 음악을 들으면 공부에 방해된다는 주장의 근거로 정보처리 이론이 있습니다. 정보처리 이론은 인간의 인지-학습 과정을 컴퓨터의 정보처리 모형에 비유하여 설명합니다. 컴퓨터가 정보를 입력하고 저장, 인출하는 것처럼 우리 뇌에 새로운 정보가 들어오면 단기기억에서 장기기억으로 넘어가며 저장된다는 것입니다.

특히 단기기억의 용량은 한정되어 있어서 정보를 장기기억으로 보내기 위해서는 정보의 특성에 따라 두 개의 방을 거치게 됩니다. 하나는 언어·청각적 정보를 처리하는 방으로 순차적인 정보를 처리하며, 다른 하나는 시각적 정보를 처리하는 방으로 동시적인 정보를 처리합니다. 이것을 '이중 경로' 또는 '이중부호화'라고 하지요. 두 개의 경로로 작업하고 기억한다는 뜻입니다.

그럼 음악의 경우는 어떨까요? 음악은 언어·청각적인 정보이므로 순차적인 정보처리가 이루어집니다. 그런데 책을 읽고 필기하는 행동, 즉 우리가 공부할 때의 행동들 대부분도 언어·청각적인 정보이며 순차정보처리에 해당합니다. 그러니 음악을 들으며 공부하면 한 방에 두 개의 과제가 함께 들어가게 되는 것이지요. 쉽게 말해, 한 명이 작업할 공간에 두 명이 들어가게 되니 그만큼 작업할 공간이 좁아질 것입니다. 그래서 음악을 들으면서 하는 공부는 학습에 효율적이지 않다고 주장하는 사람도 있습니다.

음악을 들으면 능률이 오르는 이유

그런데 음악이나 음향효과를 들으며 공부하면 능률이 오르는다는 사람도 많습니다. 여기서 음악이나 음향효과라 함은 시끄러운 음악이나 사람의 목소리가 있는 음악은 아닙니다. 악기가 많이 들어가지 않고, 너무 자극적이지 않은 백색소음 같은 음악이지요.

이에 근거가 되는 이론으로 앞서 소개한 여키스-도슨 법칙을 들 수 있습니다. 이 법칙에 따르면 우리 뇌는 자극과 스트레스 수준에 따라 각성수준이 달라진다고 했지요. 각성수준이 너무 높아도 수행능력이 떨어지고요. 이때 각성수준을 적절히 조절하는 역할을 바로 음악이 해줄 수 있습니다.

각성수준이 떨어지면 집중력은 약해지고 졸음이 오거나 지루해집니다. 이때 인위적인 자극, 즉 빠른 비트의 음악이나 음향효과를 들으면 각성수준을 높일 수 있습니다. 운전하다가 잠이 오면 시끄러운 음악을 틀어 잠을 깨듯이 말이지요. 이와 마찬가지로 공부할 때를 비롯해 일상의 다양한 순간에 음악이나 음향효과를 통해 각성수준을 적절히 유지하며 능률을 높일 수 있습니다.

반면 너무 흥분하고 충동성이 커져서 공부에 집중이 잘 되지 않을 때는 각성수준이 지나치게 높아진 상태입니다. 이때는 느린 비트의 음악이나 서정적인 계열의 음악을 듣는다면 각성수준을 적절하게 낮출 수 있습니다.

음악이 정서적인 면에도 많은 도움을 준다는 연구 결과가 있습니다. 세계적 권위를 지닌 학술지《네이처Nature》에 실려 과학계의 주목을 받았던 연구로, 모차르트 음악을 들으면 IQ가 높아진다는 것이었지요. 세 집단 중 한 집단에게 10분간 모차르트의 음악을 들려주고, 나머지 집단에게는 10분간 별다른 조치를 하지 않았습니다. 이후 세 집단에게 지능검사를 실시했더니 모차르트 음악을 들은 실험집단에서 유의미한 결과가 나왔다는 것입니다. 천재인 모차르트의 음악을 들으면 우리도 함께 천재가 된다는 말이 나돌 정도로 화제가 되었지요.

그러나 많은 학자의 후속 연구를 통해 이 주장은 사실이 아님이 밝혀졌습니다. 꼭 모차르트의 음악이 아니라, 슈베르트의 곡을 듣거나 스티븐 킹의 소설을 읽었을 때도 비슷한 효과가 나타났지요. 그러나 여기서 집중해야 할 부분은 모차르트의 음악이 아니라 다른 '무엇'을 들어도 공간추리력이 향상되었다는 점입니다. '무엇'은 자신이 선호하는 음악이나 문학이었습니다. 즉, 내가 좋아하는 음악을 들으면 정서적으로 기분이 좋아지고, 좋아진 기분은 실제로 뇌의 인지능력과 각성수준 또는 동기에도 영향을 미친다는 것이지요. 이처럼 내가 좋아하는 음악을 듣는 행위는 공부에 도움이 될 수 있습니다.

상황에 맞춰 활용하는 백색소음의 효과

그렇다면 백색소음을 듣는 건 어떤 효과가 있을까요? 백색소음이란, 전체적으로 균등하고 일정한 주파수 범위로 구성된 소리 또는 잡음을 뜻합니다. 여기서 균등하고 일정한 주파수의 소리라 함은 우리에게 크게 자극적인 소리는 아니란 것이지요.

백색소음이 공부에 도움 된다는 건 이미 많은 연구를 통해 알려져 있습니다. 시카고대학 소비자연구저널은 중간 정도의 소음, 즉 50~70데시벨의 잡음이 창의성을 향상시킨다고 발표했으며, 한국산업심리학회에서는 백색소음이 집중력을

47%, 기억력을 9.6% 높여주고 스트레스는 27.1% 낮춰준다는 연구 결과를 발표하기도 했습니다.

이때 주의할 점은 여기서 말하는 백색소음이 꼭 음악에 한정하는 것은 아니고 카페나 도서관같이 자연스러운 환경 소리도 포함한다는 것입니다. 일정하고 균등한 주파수를 가진 음악들이라면 백색소음의 효과를 어느 정도 누릴 수 있다는 것이지요.

물론 이제까지 백색소음 없이도 공부가 잘됐다면 그냥 해왔던 대로 계속하는 게 좋습니다. 다만 주변에서 들리는 지나친 기침소리나 의자 소리, 문 닫는 소리 등이 나를 너무 힘들게 한다면, 스트레스받기보다 서정적인 음악을 들으며 마음을 차분히 가라앉히고 각성수준을 낮추면 됩니다. 반대로 너무 조용한 환경에서 잠이 쏟아진다면, 잠깐 밖에 나가서 잠을 깨우고 경쾌한 비트의 음악을 들으며 각성수준을 높일 수 있을 겁니다. 이처럼 내 상황에 맞게 음악과 백색소음을 사용하면 공부의 능률이 높아집니다.

7장

COGNITION
AWARENESS
FLOW
MONITORING
STRATEGY
MINDSET
HABITUATION 일상화

공부하는

모든 이를 위한

합격을 부르는

습관

여러분은 식사나 휴식을 한 뒤 다시 공부에
집중하기까지 어느 정도의 시간이 걸리나요?
혹시 너무 오래 잡담을 나누거나 중간중간 공부와 상관없는
다른 일이 끼어 있지는 않나요? 공부와 관련 없는 생각을
떠올릴수록 우리 뇌는 그곳에 더 집중하게 됩니다. 공부에
쏟아야 할 에너지를 쓸데없는 곳에 빼앗기게 되는 것이지요.
게다가 우리 뇌는 계속 더 쉬라고 유혹하기도 합니다.
"그래, 공부도 안되는데 그냥 좀 쉬지 뭐" 하고
결정하는 순간, 공부를 방해하는 또 다른 습관들이
우리 뇌를 장악하며 공부와는 점점 더 멀어집니다.
공부의 흐름을 이어가며 깊이 몰입하기 위해서는
일상의 습관을 다잡아야 합니다.

휴식에도 전략이 필요하다

공부에서 휴식은 꼭 있어야 하는 시간입니다. 잠시도 쉬지 않고 계속 공부만 한다고 공부 효율이 높아져 좋은 성과를 낼 수 있는 것은 아닙니다. 사람의 주의력에는 한계가 있기 때문이지요. 평상시 사람의 최대 정보처리능력이 초당 120비트 정도인 데요. 한 사람이 말하는 내용을 이해하는 작업이 초당 60비트의 정보량이라면, 초당 120비트의 정보처리능력은 두 사람이 동시에 말하는 내용을 거우 이해하는 정도라 할 수 있습니다. 결국 쉬지 않고 계속 지식을 넣으려고 한다면 일정 수준부터는 제대로 정보를 처리하기 어려워집니다. 공부하면서 적절한 휴식이 필요한 이유이지요.

우리는 현재 집중하고 있는 것에서 다른 것에 집중할 때, 즉 주의력이 전환될 때 더 많은 에너지를 소비합니다. 공부를 마치고 또 다른 공부로 전환하기 위해서는 더 많은 노력이 필요하지요. 그래서 이따금씩 휴식하면서 뇌에 에너지를 보충해야 쉽게 다른 공부로 주의를 전환할 수 있습니다.

그런데 우리는 휴식 시간을 오롯이 쉬는 시간이 아니라 다른 일을 하며 보내는 시간으로 여기곤 합니다. 영상을 찾아보거나 게임을 하는 등 공부 외의 다른 것들을 하며 쉬는 시간을 보내지요. 이러한 행동의 가장 큰 문제는 휴식과 보상이 겹친다는 점입니다. 쉬는 시간의 목적은 내가 좋아하는 것을 하는 보상의 시간이 아니라 지친 머리와 몸을 잠깐 쉬며 회복하는 것입니다. 그런데 쉬는 시간과 보상의 시간이 겹친다면 공부하면서도 휴식 시간만 기다리게 됩니다. 공부를 위해 쉬는 것이 아니라, 휴식을 위해 공부하듯 주객이 전도됩니다. 이 행동이 반복되면 휴식에 대한 기다림과 갈망은 더 커지고, 결국 휴식 시간(보상 시간)이 공부 시간을 압도하게 되지요.

휴식 시간과 보상 시간을 구분하라

그렇다면 공부에 주의력을 잃지 않고 공부 흐름을 이어가는 진정한 휴식은 어떤 것일까요? 무엇보다 휴식 시간은 내가 보상받는 시간이 아니므로, 둘을 철저히 분리해야 합니다. 저 같은 경우에는 그날의 모든 공부를 마치고 다음 날 공부 계획까지 정리한 이후에, 재미있는 영상을 보거나 흥미로운 글을 읽으면서 집으로 돌아갔습니다. 그리고 매주 토요일 오후에는 좋아하는 음식을 먹고 예능 프로그램을 보며 스스로에게 보상을 선물했지요. 이처럼 휴식 시간과 별개로 구체적인 보상 시간을 따로 지정해두세요. 단순히 쉬는 시간이 됐다고 해서 내가 하고 싶은 것을 계획 없이 마음대로 해서는 안 됩니다.

'뭐, 이렇게까지 해야 해?'라는 생각이 들 수도 있습니다. 하지만 쉽게 갈 수 있는 길도 작은 실수로 인해 너무 멀리 돌아가는 수험생이 생각보다 많습니다. 휴식 시간과 보상 시간만 제대로 분리해도 충분히 공부에 훨씬 더 집중할 수 있는데, 이를 깨닫지 못한 채 왜 공부가 안되는지 고민하고 한탄하며 시간을 낭비하지요.

누구나 성실하게 살고 싶어 합니다. 게으른 사람들도 그러고 싶어서 그러는 게 아닙니다. 우리 뇌는 쾌락에 아주 취약해서 자신도 모르게 이것에 지배당할 수 있습니다. 그러니 우리 뇌를 잘 이해하고 이를 활용해 쾌락을 통제할 수 있어야 합니다. 무절제한 쾌락이 아니라 절제된 보상을 통해 우리 삶의 질은 훨씬 더 좋아집니다.

스트레스에 지친 뇌를 회복하는 방법

언젠가 집중력과 관련된 충격적인 기사를 본 적이 있습니다. 중국 상하이 인근의 어느 초등학교에서 학생들에게 뇌파 탐지기를 부착하고 집중도를 분석해 10분마다 교사와 학부모에게 전송한다는 내용이었지요. 어떻게 뇌파를 통해 사람의 집중도를 판단할 수 있었을까요?

앞서 각성 상태에 관해 설명하며 다루었듯 뇌파는 각 신경세포, 즉 뉴런들 간에 신경전달물질이 서로 교류하면서 발생하는 전기신호입니다. 깊은 수면 상태인 델타파, 얕은 잠이나 졸음 상태인 세타파, 멍 때리기나 명상 상태인 알파파, 집중 상태인 베타파, 극도의 몰입이나 흥분 상태인 감마파 등으로 구분되지요.

이를 통해 알 수 있는 사실은 뇌를 쉬게 하는 방법에는 크게 두 가지가 있다는 점입니다. 하나는 델타파, 세타파와 같은 수면 상태로 휴식하는 것이고, 다른 하나는 알파파와 같이 깨어 있는 상태에서 휴식하는 것이지요. 물론 시간이 허락한다면 깊은 수면이 가장 좋은 휴식입니다. 뇌 속 노폐물을 청소해주니까요. 하지만 공부하는 도중에 계속 잠을 자며 쉴 수는 없겠지요. 30분 이상의 깊은 잠은 각성수준을 매우 낮춰 다시 공부에 집중하기까지 시간이 걸리기도 하고요.

그렇다면 알파파가 분비되는 깨어 있는 휴식은 어떨까요? 수면만큼의 효과는 아니지만, 이때도 효과적인 뇌 휴식을 경험할 수 있습니다. 그래서 요즘 많은 매체나 뇌과학자들이 명상과 멍 때리기를 통한 뇌 휴식법을 추천하기도 하지요. 미국 뇌과학자 마커스 라이클Marcus E. Raichle 박사의 연구에 따르면, 멍 때리기와 같은 행동을 할 때 우리 뇌는 스스로 정리하며 초기 상태로 돌아가려고 노력합니다. 컴퓨터 용량이 부족할 때 불필요한 파일을 지우고 정리함으로써 새로운 공간을 만드는 것처럼 말이지요. 명상할 때도 마찬가지입니다. 결국 모든 자극을 차단하고, 단순한 대상에 집중하면 자연스럽게 우리 뇌는 편안하게 쉴 수 있습니다.

● 쓸데없는 결정에 에너지를 낭비하지 말자

그런데 아무리 뇌를 쉬는 효과적인 방법을 알고 있더라도 뇌가 너무 빠르게 피로해진다면 문제가 될 겁니다. 신경과학자인 대니얼 레비틴은 크게 두 가지 행동을 통해 평소 뇌에 쌓인 스트레스를 줄일 수 있다고 강조합니다. 첫 번째는 정리 정돈입니다. 앞서 [사오 칼럼 2]에서 집에서 공부할 때의 방안으로도 언급했듯, 어지럽게 널린 많은 물건은 불필요한 시각 정보가 되어 우리 뇌를 푹 쉬지 못하게 하고 스트레스를 쌓이게 합니다. 불필요한 것을 버리고, 깔끔하게 정리하는 것이 뇌의 피로도를 낮추지요.

두 번째 방법은 의사결정에 너무 큰 에너지를 낭비하지 않는 것입니다. '이 메시지에 답장을 할까, 말까?', '오늘 쉴까, 말까?', '다음 영상을 볼까, 말까?' 이렇게 작지만 다양한 의사결정들이 생각보다 뇌에 큰 피로를 줍니다. 이런 의사결정이 많아지면서 가장 먼저 잃게 되는 것은 충동성을 조절하는 능력, 즉 자기 통제력입니다. 자기 통제력을 잃게 된다는 것은 전두엽의 활동이 줄어든다는 뜻이고, 전두엽의 활동이 줄어든다는 것은 이성적인 판단보다는 충동적인 선택을 할 가능성이 커진다는 뜻입니다. 따라서 어떤 일에 집중해야 한다면 의사결정 사항을 최대한 줄여야 뇌가 덜 피로할 것이고, 그만큼 집중력이 남아서 우리가 해야 할 공부에 더 집중할 수 있습니다.

저는 '해도 될까?'라는 가능성을 아예 생각하지 않는 것을 추천합니다. 공부하면서 '잠시 휴대폰을 봐도 되지 않을까?', '오늘은 여기까지만 하고 집에서 쉬어도 되지 않을까?' 등의 가능성을 고민하고 있다면 언제나 작고 많은 의사결정 상황에 반복적으로 놓이게 될 것입니다. 우리도 모르는 사이에 계속 뇌에 스트레스를 주겠지요. 그러니 공부할 때는 다른 선택지를 만들지 말고 그 순간에 오롯이 집중하세요. 뇌는 피곤하지 않고 공부에 더 큰 몰입을 선사할 것입니다.

수험생에게 필수적인 식습관 관리법

뇌는 우리 몸에서 3%밖에 안 되는 중량을 차지하지만, 우리가 먹는 음식의 20%가 뇌에서 소비될 만큼 엄청난 에너지를 필요로 합니다. 그래서 뇌를 많이 사용하는 수험생일수록 음식을 더 잘 챙겨 먹어야 하지요. 또한 공부에 제대로 집중하지 못하는 이유를 자신의 정신력이나 자기 통제력의 부족으로만 생각하는 수험생이 있다면, 자신의 식습관도 한번 되돌아볼 필요가 있습니다. 식습관에 따라 뇌 건강과 면역력이 결정되기 때문입니다.

식습관에 대한 이야기는 우리 몸의 두 번째 뇌라고도 불리는 '장'에서부터 시작할 수 있습니다. 장에서는 뇌에 주요한 영향을 미치는 신경전달물질을 많이 만들어내지요. 장 내부에는 유익한 균과 유해한 균이 있는데, 보통 우리가 어릴 때는 유익균이 많아서 건강하게 지내지만 나이가 들고 잘못된 식습관을 지니면 유해균이 늘어나 뇌에도 나쁜 영향을 미칩니다.

장은 우리 몸의 가장 큰 면역 기관으로, 장 건강이 나빠지면 면역력이 떨어져 많은 문제가 발생합니다. 예를 들어 면역력이 낮은 수험생이라면 사소한 날씨 변화에도 쉽게 감기에 들고, 그러면 공부에 큰 타격을 받게 되어 스트레스도 쌓일 것입니다.

건강한 장을 위해서는 건강한 식습관이 필수입니다. 맵고 짜거나 단맛을 내는 자극적인 음식 섭취는 줄이고 너무 늦은 시간의 야식은 피하는 것이 좋습니다. 밀에 있는 글루텐이라는 성분이 소화를 방해하니 특히 장이 민감한 사람이라면 밀가루 음식의 섭취도 줄여보세요.

● 공부 능률을 높이는 영양소

건강한 식습관을 기반으로 특히 수험생이 챙겨 먹으면 좋은 영양소에는 어떤 것들이 있을까요? 먼저 첫 번째로 오메가3 지방산이 있습니다. 우리 뇌는 60% 이상이 지방으로 구성되어 있는데요. 등 푸른 생선에 많이 함유된 오메가3는 뇌 발달과 기억력에 도움이 되지요. 또한 몸의 혈액순환을 돕고 콜레스테롤 농도를 떨어뜨리며, 시력을 유지하는 데도 도움을 줍니다. 평소 학교 급식과 같이 영양소 균형이 잡힌 식사를 한다면 상관없지만, 그렇지 않다면 오메가3 영양제를 따로 먹으면 좋습니다.

수험생들이 챙겨 먹으면 좋은 영양소 두 번째는 칼슘입니다. 시험일이 다가올수록 예민하고 불안해지는 마음을 가라앉히는 데 칼슘이 매우 효과적입니다. 칼슘이 많이 들어 있는 음식으로는 케일이나 시금치 등의 녹황색 채소, 멸치, 우유, 해조류 등이 있지요. 또한 비타민 D가 칼슘의 흡수를 돕는데 비타민 D는 피부를 햇볕에 노출함으로써 생성되는 만큼, 공부하다가 잠시 밖에 나가 햇볕을 쬐면 칼슘 흡수도 잘되고 불면증도 완화할 수 있습니다.

평소 건강한 식습관을 지니고 있다면 일부러 영양소를 더 챙기려 애써 노력할 필요는 없습니다. 좋은 것을 더하기보다는 나쁜 것을 없애는 게 더 중요합니다. 과식이나 부실한 식사와 같은 안 좋은 생활 습관만 고쳐도 우리를 방해하는 많은 건강 문제가 해결됩니다. 건강을 해치면서 공부를 잘할 수는 없습니다. 몸이 건강해야 정신이 건강해진다는 점을 잊지 마세요.

공부 컨디션을 빠르게
회복하는 법

공부에 전두엽의 역할이 크다는 건 이제 다들 알 겁니다. 신경과학자 대니얼 에이멘의 연구에 따르면 소뇌가 활성화될수록 어려운 문제를 해결하는 데 큰 도움이 된다고 합니다. 특히 학생들을 대상으로 공부가 가장 잘될 때의 뇌를 촬영했더니 전두엽과 소뇌가 함께 활성화되어 있었다고 합니다. 또한 소뇌가 활성화될수록 더 복잡한 문제들을 해결해나갔지요.

평소 공부할 때 소뇌는 자연스럽게 활성화됩니다. 그런데 너무 어려운 개념을 접하면 갑자기 머리가 꽉 막히는 느낌이 들거나 공부가 잘 안될 때가 있지요. 전두엽에 과부하가 걸렸기 때문입니다. 이럴 때 전문가들은 잠시 걷거나 휴식하기를 권합니다. 생각을 정리하는 데 소뇌가 영향을 미치는데, 만약 소뇌의 활성도가 낮으면 생각의 무체계성 현상이 나타나지요.

소뇌가 가장 잘 활성화되는 시기는 자동화된 행동이나 습관적인 행동을 할 때입니다. 그래서 습관적인 행동을 하면서 특정 문제를 떠올린다면 자연스럽게 그 문제에 대한 해답을 얻을 가능성이 큽니다. 활성화된 소뇌가 생각을 정리하는 데 도움을 주기 때문이지요.

●   **걸으면 생각이 정리되는 이유**

소뇌를 활성화하고자 제가 추천하는 방법은 바로 '걷기'입니다. 인류가 직립보행을 하게 되면서 얻은 능력이 하나 있습니다. 그것은 바로 중추유형발생기란 신경회로입니다. 몽유병에 걸린 사람은 의식이 없음에도 잘 걸어 다니지요. 그 이유도 중추유형발생기 덕분입니다. 만약 여러분이 가파른 내리막길을 내려오고 있다고 생각해봅시다. 그럼 자연스럽게 상체를 뒤로 젖히고 발목과 다리 힘을 조절할 텐데요. 이렇게 할 수 있는 것도 우리의 의식이 아닌 자동화된 몸의 프로그램 덕분입니다. 다시 말해 중추유형발생기는 근육, 피부, 힘줄 및 관절로부터 현재 상황을 보고받고, 그 상황에 맞게 걷는 걸 조절하는 능력입니다. 즉, 걷기만 해도 자동화된 프로그램이 실행된다는 겁니다. 걷기만 해도 자동화를 담당하는 소뇌의 활성도도 같이 높아지는 것이지요.

게다가 걷는 행위는 우뇌를 활성화합니다. 우뇌에는 패턴인식 능력이 있습니다. 패턴인식이란 복잡한 정보 속에서 특유의 패턴을 인식해 이해해고 기억하는 것인데요. 복잡한 길 속에서 내가 갈 길을 찾아내는 능력이 바로 패턴인식인 셈입니다. 결국 걷는다는 것은 복잡한 문제로 과부하가 걸린 전두엽의 부담을 우뇌, 소뇌와 함께 나누는 과정입니다. 이를 통해 통찰력이 커져 복잡한 문제를 해결하는 데 큰 도움이 됩니다.

소뇌를 가장 잘 활용한 그리스의 고대 철학자가 한 명 있습니다. 바로 아리스토텔레스Aristoteles입니다. 아리스토텔레스는 리케이온이라는 이름의 학교를 세우고 학교의 정원을 산책하며 토론하는 것을 교육의 방법으로 사용했습니다. 산책하면서 소뇌를 활성화하고, 토론을 통해 언어 이해를 담당하는 베르니케 영역과 말하기 영역과 문법을 담당하는 브로카 영역, 더 나아가 우뇌까지 활성화하므로 생각을 더 명확하게 체계화했던 겁니다.

여러분도 공부하다가 내용이 머릿속에 잘 들어오지 않는다면 일단 자리에서 일어나 주변을 잠시 산책해보세요. 잠시 걷다 보면 어느새 우리 뇌가 생각을 정리해주어 다시 공부에 집중할 수 있는 상태가 될 것입니다.

커피와 에너지 음료를
꼭 마셔야겠다면

공부하는 수험생이나 일하는 직장이라면 한 번쯤 커피나 에너
지 음료를 마셔본 경험이 있을 겁니다. 아니 매일같이 달고 사
는 사람도 많을 거예요. 커피 특유의 향이나 맛을 좋아해 마시는
사람도 많지만 보통 졸릴 때 각성하기 위해 자주 마시지요.

커피의 높은 인기 덕분인지 이에 관해 많은 연구가 이루어졌
습니다. 노화를 늦춰주는 항산화 작용이 있다거나 치매를 예방
한다는 등 아주 긍정적인 연구 결과가 있는가 하면, 커피가 혈관
을 수축하다 보니 뇌 혈류량을 감소시켜 인지 활동에 부정적인
영향을 준다는 연구도 있습니다. 그리고 최근 스탠퍼드대학의

연구진은 커피가 뇌 회로마저 변화시키는데, 이 변화가 뇌에 긍정적일지 또는 부정적일지는 아직 알 수 없다고 발표했습니다.

커피와 에너지 음료를 마시는 게 좋다 또는 나쁘다를 판단하기에 각성제는 이미 우리 생활 깊숙이 들어와 있습니다. 처음에는 단순히 잠을 깨기 위해서 먹었을지 모르지만, 그 행위가 일상이 되고, 이제는 커피 향만 맡아도 행복해지고 긴장이 완화되는 효과가 있다면 커피는 단순히 각성제의 역할을 넘어 우리 삶의 질과도 맞닿아 있는 셈이지요. 안 마실 수 없다면 최소한 이 음료들이 어떤 것인지 알고, 조금이라도 더 건강하게 마시는 방법을 찾는 게 낫지 않을까요?

카페인은 어떻게 우리를 각성시키는가

커피를 커피 열매, 즉 원두로 만든다는 건 다들 알 테고요. 에너지 음료는 어떻게 만들어질까요? 먼저 에너지 음료의 주성분은 '과라나'라는 고카페인 성분의 열매입니다. 커피의 2배가 넘는 카페인을 함유하고 있지요. 이 외에도 에너지 음료에는 구연산, 타우린, 비타민, 설탕 등의 성분도 들어 있습니다. 모두 피로해소를 돕는 성분들이지요. 쉽게 말해 에너지 음료는 강력한 카페인과 피로 해소제의 집결체라고 할 수 있습니다. 그래서 커피보다도 더 강력한 각성 효과를 지니지요.

카페인의 대표적인 효과는 피로에서 벗어나 하는 일에 집중할 수 있게 해주는 각성 효과입니다. 카페인은 대체 어떤 물질이기에 잠에서도 깨워주고, 더 나아가 일이나 공부에 집중할 수 있게 해주는 걸까요?

카페인을 제대로 이해하기 위해서는 아데노신Adenosine이란 녀석을 먼저 알아야 합니다. 우리가 온종일 움직이고, 피로가 쌓이면 뇌에서 아데노신이란 물질이 분비되어 혈액 속에 쌓이게 되는데요. 아데노신은 인간뿐 아니라 동물, 식물 할 것 없이 모든 생물에 존재하며 근력의 에너지원이라 불리는 ATP의 구성요소이기도 합니다. 아데노신이 아데노신 수용체와 결합하면 다른 신경세포의 활동을 둔화시켜 피로감을 느끼게 만듭니다. 그래서 몸을 쉬게 만들지요.

카페인은 이 아데노신과 아주 유사한 화학구조를 가지고 있습니다. 그래서 카페인이 아데노신 대신 수용체와 결합해 몸이 피로해지는 것을 막아버리지요. 카페인이 아데노신인 척을 하며 뇌를 속이는 겁니다. 우리 몸이 피로해지면, 아데노신이 "지금 아주 피로한 상태니까 좀 쉬자"라고 신호를 보내는 역할을 하는데 화학구조가 유사한 카페인이 그 신호를 가로채는 거지요.

게다가 카페인은 중추신경계를 자극해서 도파민을 분비시킵니다. 도파민은 쾌락과 보상의 역할도 하지만 차의 휘발유처럼 전반적인 뇌 활동의 에너지를 담당하지요. 그래서 카페인을 섭취하면 활력이 생기는 것처럼 느껴지는 것입니다.

몸이 피곤해서 쉬자고 하는데 카페인이 억지로 막는 것이니, 당연히 부작용이 있습니다. 너무 피곤한 상황에서 커피나 에너지 음료로 버티면, 뇌뿐만 아니라 심장과 혈관에도 악영향을 미친다는 연구가 많습니다. 카페인은 중추신경계를 자극해서 혈관을 수축시키고, 혈관이 좁아지면 혈압도 높아지지요. 그래서 카페인을 단시간에 많이 마시면 심장에 상당한 무리가 옵니다. 실제로 미국의 한 고등학생이 고카페인 음료를 연이어 마시다가 심장마비로 사망한 사건도 있습니다.

게다가 카페인의 지속시간은 생각보다 길어서 수면에도 악영향을 줍니다. 카페인이 반으로 줄어드는 반감기는 4~6시간으로, 커피를 마신 후 최소 4시간이 지나야 카페인이 반으로 줄어듭니다. 그래서 오후 늦게 커피나 에너지 음료를 마시면 잠을 설치게 되는 것이지요.

식품의약품안전처에서는 성인의 경우 하루에 커피 4잔, 청소년은 에너지 음료 2캔 미만으로 섭취하기를 권하고 있습니다. 카페인의 지나친 섭취가 수면장애, 불안감 등 부작용을 일으킬 수 있기에 성인은 400mg 이하, 임산부는 300mg 이하, 어린이 및 청소년은 체중 1kg당 2.5mg 이하로 카페인 최대 일일섭취권 고량을 설정했지요.

청소년에게는 커피나 에너지 음료로 인한 각성 효과보다 30분 이하의 짧은 낮잠을 통한 뇌 청소 효과가 더 좋습니다. 청소년들은 성인들보다 피로감을 덜 느낄 뿐 아니라, 성장기라서 피로 해소 속도도 빠르기 때문입니다.

● **커피를 마시는 효율적인 방법**

캔 커피부터 에스프레소, 드립 커피 등등 다양한 커피 종류 중에서 어떤 커피를 마시는 것이 우리 몸에 가장 좋을까요?

최근 스웨덴 에텐보리대학의 연구에서 커피 선택에 관련된 흥미로운 연구가 있었습니다. 바로 커피 추출 방식에 따라 심혈관질환에 미치는 영향이 달라진다는 연구 결과였습니다. 그리고 이 연구는 꽤 신뢰도가 높았는데요. 1985년부터 2003년까지 20세에서 79세의 노르웨이인 50만 명을 대상으로 약 20년 동안이나 추적 관찰했기 때문입니다. 연구 결과, 심혈관 건강에 가장 좋은 영향을 준 커피는 드립 커피였습니다.

커피에는 혈중 콜레스테롤을 증가시키는 카페스톨Cafestol이라는 물질이 포함되어 있습니다. 그런데 이 카페스톨은 드립 커피를 내릴 때 종이를 통해 여과하는 과정에서 대부분 걸러집니다. 그래서 웬만하면 드립 커피를 마시는 것이 심혈관 건강에 더 도움이 된다는 것입니다.

그럼 커피는 언제 얼마나 마시는 게 좋을까요? 우리 몸에는 생체리듬을 조절하는 다양한 호르몬이 있고, 그중에서도 스트레스 상황에서 분비되는 코르티솔과 노르에피네프린은 각성과 아주 밀접한 관계가 있습니다. 특히 코르티솔은 정신이 오늘 하루 동안 얼마나 오래 깨어 있는지에 관여합니다. 우리 몸의 자연 카페인인 셈이지요.

최근 연구에서 코르티솔이 가장 활발한 시간대를 발견했습니다. 바로 오전 8~9시 사이, 낮 12~1시 사이 그리고 오후 5~6시 사이였지요. 이때는 우리 몸에 코르티솔과 노르에피네프린이 활발하기 때문에 굳이 커피를 마시지 않아도 머리가 맑아지는 각성 효과가 있다는 겁니다. 반대로 말하면, 각성 효과를 위해 이 시간대에 커피를 마시는 것은 아주 비효율적이라는 뜻이지요. 코르티솔이 높은 시간을 무시하고 커피를 아무 시간에나 마신다면 우리 몸에서는 카페인에 대한 내성이 생겨 카페인이 주는 각성의 지속 효과가 빠르게 줄어듭니다. 물론 단순히 커피

맛이 좋아서 마신다면 상관없겠지만요.

따라서 성인이라면 하루에 마시는 커피의 양은 최대 4잔을 넘기지 말고, 수면의 질을 위해 오후 6시 이후로는 커피를 마시지 않는 것이 좋습니다. 낮잠이든 밤잠이든 잠에서 깬 즉시 코르티솔의 분비량은 최소 50%나 증가하기 때문에 과학자들은 잠에서 깬 후 최소 한 시간은 지난 후에 커피를 마실 것을 권하고 있지요.

뇌과학자 정재승 박사는 우리가 커피를 마실 수밖에 없는 이유에 대해 '아침에 일어나 커피를 마시지 않으면 하루를 보낼 수 없는 피로한 사회 때문'이라고 말했습니다. 어쩌면 커피는 이 피곤한 사회에서 버텨야 하는 사람들의 피할 수 없는 숙명일지도 모릅니다. 어쩔 수 없이 커피나 에너지 음료를 마셔야 한다면 내 생체리듬을 깨지 않는 선에서 마시는 것이 가장 현명한 방법일 것입니다.

시험 당일, 시험장 꿀팁 다섯 가지

드디어 시험 날이 왔습니다. 수험생의 공부는 결국 시험 당일 최상의 컨디션으로 최고의 결과를 내는 게 목표이지요. 뇌과학의 관점에서 어떻게 하면 컨디션을 최대한 끌어올릴 수 있는지 알아보겠습니다.

1. 손을 자극해서 뇌를 깨우세요

우리 신체 부위에서 가장 많은 뇌신경 세포와 관련된 곳이 바로 손입니다. 특히 행동과 관련된 뇌 영역에서 손에 해당하는 신경세포는 30%에 육박합니다. 그만큼 손이 잘 풀리면 뇌의 활성도도 빠르게 높아집니다. 그래서 박수를 많이 치면 치매를 예방한다는 말까지 있는 거지요.

그렇다고 시험장에서 박수를 치라는 건 아닙니다. 시험장에서 가장 쉽게 손을 풀어주는 방법은 핫 팩을 이용하는 겁니다. 긴장감으로 굳어진 손을 핫 팩으로 빠르게 녹여 뇌에 자극을 줄 수 있고, 그로 인해 집중력이 커지며 심리적으로 안정되는 효과도 있습니다.

손이 따뜻해졌는데도 집중이 잘 안된다면 필기를 하거나 자료에 줄을 그으면서 공부하는 것도 좋습니다. 눈과 손의 협응을 통해 아직 각성이 덜 된 뇌를 효과적으로 자극할 수 있습니다.

2. 배부른 것보다 조금 배고픈 게 낫습니다

미국 예일대학교 연구진은 약간 공복인 상태일 때 위에서 혈액으로 방출되는 그렐린이라는 호르몬이 기억 저장소인 해마에 자극을 준다고 밝혔습니다. 이 외에도 약간의 공복이

인지능력에 긍정적인 영향을 준다는 연구 결과가 많지요. 사실 이런 연구들이 아니더라도 배부른 상황에서 잠이 얼마나 오는지는 수험생 여러분이 더 잘 알 겁니다.

그렇다고 아예 굶어서 배고픈 상태로 시험장에 들어가란 말이 아닙니다. 너무 과하게 먹지 말라는 뜻이지요. 시험 당일에는 평소 자주 먹어서 익숙하고 소화가 잘되는 음식으로, 적은 양을 먹어 집중력이 떨어지지 않도록 유의하세요.

3. 주변의 소음을 자연스럽게 받아들이세요

우리가 공부할 때 백색소음을 듣는 이유는 그것을 자연스러운 환경 소리로 인지하기 때문입니다. 시험장에는 다양한 사람이 모이고, 그중에는 여러분을 신경 쓰이게 하는 사람도 있을 수 있습니다. 남들보다 확연하게 시험지를 빨리 넘기는 수험생이 있다든가, 기침 소리가 유난히 크고 잦은 사람이 있을 수도 있지요. 그런 갖가지 소리를 자연 소리처럼 여겨야 합니다. 시험장이라는 자연 속에 있고, 다른 소음들을 새 소리나 바람 소리와 같이 자연스러운 소리라고 생각한다면 신경이 덜 쓰일 거예요. 그래도 너무 신경이 쓰인다면 귀마 개를 준비해가는 것도 괜찮겠지요.

4. 너무 절박해하지 마세요

어느 정도의 긴장은 노르에피네프린을 내뿜어 집중에 도 움이 됩니다. 하지만 시험장에서 느끼는 극도의 긴장은 전 두엽을 마비시키기도 하지요. 그러니 '이번에 떨어지면 끝이 다', '부모님이 기대하시니 잘해야 한다'와 같이 스스로 심한 압박감을 주는 생각은 잠시 접어두는 게 좋습니다.

사실 경쟁률에는 생각보다 많은 허수가 있습니다. 시험공 부를 제대로 못했지만 시험을 안 보긴 아쉬워서 치러 온 사 람도 상당수입니다. 본격적인 공부를 시작하기 전, 경험 삼 아 해보자고 생각해서 온 사람도 있지요. 심지어 시험 접수 만 해두고 시험장에는 오지 않은 수험생들도 있습니다.

그래도 여러분은 끝까지 포기하지 않고 여기 앉아 있잖아 요. 여기까지 온 자신을 칭찬해주세요. 그리고 내가 할 수 있 는 만큼 다해보자고 생각하면 긴장이 좀 풀릴 겁니다. 그래도 너무 불안하다면 '내가 너무 떨고 있구나', '긴장을 많이 했구나' 하고 받아들이세요. 긴장이 많이 된다는 건, 이성의 전두엽이 마비되고 감정의 변연계가 주도권을 쥐고 있다는 뜻입니다. 그때는 억지로 누르려고 하기보다는 그 사실을 받아들이는 것만으로도 전두엽을 살아나게 할 수 있습니다. 그러면 긴장되었던 마음은 다시 침착해집니다.

5. 습관과 무의식을 믿으세요

시험 때는 평소 잘 아는 내용도 헷갈려서 답을 자꾸 고치게 되는 경우가 있습니다. 여러분이 그동안 열심히 공부하고 살펴봤던 내용은 시험 당일, 무의식의 뇌인 소뇌와 배측 선조체가 담당합니다. 익숙하고 잘 아는 문제를 만나면 그 두 영역에서 습관처럼 자연스럽게 답을 찾고 처리하지요. 그런 무의식의 영역을 의식의 영역으로 가져와 '잘한 게 맞나? 확실하게 봐야지' 하며 답을 고쳐 쓴다면 생각보다 결과는 나쁠 수 있습니다. 즉, 평소에 손쉽게 했고 잘했던 영역은 너무 의식적으로 접근하지 말라는 것이지요.

자신에게 너무 많은 의문을 품지 말고 자신의 무의식과 습관을 믿으세요. 특히 시험장 같은 긴급한 상황에서 자동화된 무의식의 영역은 더 빛을 발할 겁니다.

이렇게 시험 당일에 참고하면 좋을 행동 요령을 알아봤습니다. 그런데 만약 이것도 저것도 다 안 통하고 여전히 마음이 너무 불안하다면 온몸에 힘을 빼고 의자에 잠시 기대 앉아보세요. 그리고 의식은 오로지 숨을 쉬는 것에 집중하세요. 호흡을 내쉬면서 '공기가 나간다'고 생각하고, 호흡을 들이마시면서 '공기가 들어온다'고 생각하는 겁니다. 이렇게 의식이 있고 몸이 편안한 상태에서 우리 뇌에는 스트레스를 줄여주는 뇌파가 나와 안정되게 합니다.

무엇보다 절대 포기하지 말고 마지막 문제까지 최선을 다하세요. 지금까지 잘 버텨주었으니 마지막까지 최선을 다한다면 후회가 남지 않는 결과를 마주하게 될 겁니다.

오늘의 작은 노력이
내일의 큰 성공을 만든다

이렇게 말하는 수험생들이 있습니다. "이번 시험은 이미 망한 것 같으니까 내년 시험이나 준비해야겠다"라고요. 다음을 위해서 힘을 비축해두는 것이 정말 옳은 판단일까요? 앞에서 다룬 뇌가소성 이론에 의하면 이런 생각을 가진 사람은 다음 시험도 합격하지 못할 가능성이 큽니다. 왜냐하면 우리 뇌는 환경에 적응하는 특성이 있기 때문이지요. 내년에 공부할 것이라는 생각에 올해 남은 시간을 그냥 편하게 보낸다면 내년이 되어도 공부가 손에 잘 잡히지 않을 확률이 높습니다. 게으르고 편한 생활에 뇌도 자연스럽게 적응했으니까요.

현실에 안주하지 않고 더 나은 미래를 향해 나아가려면 어떻게 해야 할까요? 이미 여러분도 답을 알고 있을 겁니다. 멀리 내다보면 시험일까지 최선을 다해야 하고, 가까이 들여다보면 매 시간, 하루하루 주어진 시간을 허투루 보내면 안 된다는 것이지요. 여러분이 최선을 다한 경험은 당장 치러야 하는 시험뿐만 아니라 인생에도 엄청난 자산이 됩니다. 이렇게 노력하는 동안 뇌도 열심히 발전하고 있기 때문이지요. 작년의 나와 지금의 나를 비교해보세요. 똑같다고 느껴진다면 최선을 다하지 않았다는 뜻이고, 많이 바뀌었다고 느껴진다면 잘하고 있다는 뜻입니다.

　지금 내가 할 수 있는 것에 집중하고, 그것을 내 행동과 의지로 변화시킬 때 우리는 긍정적인 에너지를 얻을 수 있습니다. 영국의 철학자 프랜시스 베이컨Francis Bacon은 '지식은 힘'이라고 했습니다. 수많은 지식 중에서도 나 자신을 아는 지식은 다른 힘과 비교할 수 없을 정도로 강력한 힘이지요. 이 책을 통해 알게 된 뇌 활용법이 여러분에게 큰 힘이 될 것입니다.

　"열심히 노력하고 최선을 다하자"라는 말에 이렇게 반응하는 사람들이 있습니다. 그렇게 열심히 노력했는데도 결국 시험에 떨어지면 어떻게 하냐고 말이지요. 사실 괜한 걱정은 아닙니다. 젊은 나이, 인생의 황금기라고도 할 수 있는 때에 오랜 시간

쏟은 노력이 결실로 맺어지지 않는다면 그 좌절감은 엄청날 테니까요. 저 역시 그 순간의 허탈함에 깊이 공감합니다. 직접 경험해봤기 때문이지요.

하지만 여러분이 들인 노력과 시간은 절대 헛되지 않습니다. 저 역시 오랜 노력에도 실패를 경험했지만, 그 경험 또한 저에게 새로운 도전을 시작할 자양분이 되었습니다. 지금 여러분이 목표를 이루기 위해 쏟고 있는 노력의 시간이 당장 눈에 보이는 결과를 안기지 못했을지라도 머지않은 미래에 반드시 큰 영향을 줄 겁니다. 우리의 경험이 그대로 뇌의 무의식 속에 남아 미래의 의사결정에도 영향을 미치니까요.

비록 당장 시험에 합격하지 못하고 노력이 물거품처럼 느껴질지라도 반드시 미래의 성공에 흔적을 남길 겁니다. 그러니 여러분은 미래의 결과를 두고 너무 걱정하지 않아도 괜찮습니다. 지금 목표한 것에 더 가까이 가도록 최선을 다하면 됩니다. 그러면 언젠가 머지않은 미래에 여러분의 노력이 성과로 열매 맺을 겁니다. 그 길에 지치지 않고 계속 힘을 내어 꼭 꿈을 이루길 사오TV가 응원합니다.

참고 도서 및 논문

- 에릭 캔델, 이한음 옮김, 『마음의 오류들』, 알에이치코리아(RHK), 2020.

- Basil Bernstein, Josephine Klein, "Class, codes, and control", British Journal of Educational Studies, 1972.

- Benjamin Libet et al, "Time of conscious intention to act in relation to onset of cerebral activity(readiness-potential). The unconscious initiation of a freely voluntary act", Brain, 1983.

- Bernard J. Baars, "A Cognitive Theory of Consciousness", Cambridge [England]: Cambridge University Press, 1988.

- James W. Papez, "A proposed mechanism of emotion", Archives of Neurology & Psychiatry, 1937.

- James Samuel Coleman, The Adolescent Society, 1961.

- James Samuel Coleman, "Equality of Educational Opportunity", American Sociological Review, 1967.

- Kenneth Blum et al., "The Reward Deficiency Syndrome: A Biogenetic Model for the Diagnosis and Treatment of Impulsive, Addictive and Compulsive Behaviors", 2000.

- Raymond B. Cattell, "Theory of fluid and crystallized intelligence: A critical experiment", Journal of Educational Psychology, 1963.

- Robert M. Yerkes and John D. Dodson, "The Relation Of Strength Of Stimulus To rapidity of habit-formation", Journal of Comparative Neurology and Psychology, 1908.

- Stanislas Dehaene, Consciousness and the Brain: Deciphering How the Brain Codes Our Thoughts, Viking, 2014.

- Victor Vroom, Work and motivation, Oxford, 1964.

노력의 질을 높이는 7가지 뇌과학 공부법

당신의 공부는 틀리지 않았다

초판 1쇄 인쇄 2022년 8월 9일
초판 1쇄 발행 2022년 8월 17일

글 사오TV
펴낸이 김선식

경영총괄 김은영
기획 김민정 책임편집 권예경 책임마케터 오서영
콘텐츠사업7팀장 김민정 콘텐츠사업7팀 김단비, 권예경
편집관리팀 조세현, 백설희 저작권팀 한승빈, 김재원, 이슬
마케팅본부장 권장규 마케팅1팀 최혜령, 오서영
미디어홍보본부장 정명찬 홍보팀 안지혜, 김민정, 오수미, 송현석
뉴미디어팀 허지호, 박지수, 임유나, 송희진, 홍수경 디자인파트 김은지, 이소영
재무관리팀 하미선, 윤이경, 김재경, 안혜선, 이보람
인사총무팀 강미숙, 김혜진, 황호준
제작관리팀 박상민, 최완규, 이지우, 김소영, 김진경, 양지환
물류관리팀 김형기, 김선진, 한유현, 민주홍, 전태환, 전태연, 양문현, 최창우
외부스태프 글 정리 조창원 디자인 정윤경

펴낸곳 다산북스 출판등록 2005년 12월 23일 제313-2005-00277호
주소 경기도 파주시 회동길 490 다산북스 파주사옥
전화 02-704-1724 팩스 02-703-2219 이메일 dasanbooks@dasanbooks.com
홈페이지 www.dasanbooks.com 블로그 blog.naver.com/dasan_books
용지 한솔피엔에스 인쇄 민언프린텍 제본 국일문화사 후가공 평창피앤지

ISBN 979-11-306-9275-3 (03190)